もっと! 暮らし たのしむ

なごみ歳時記

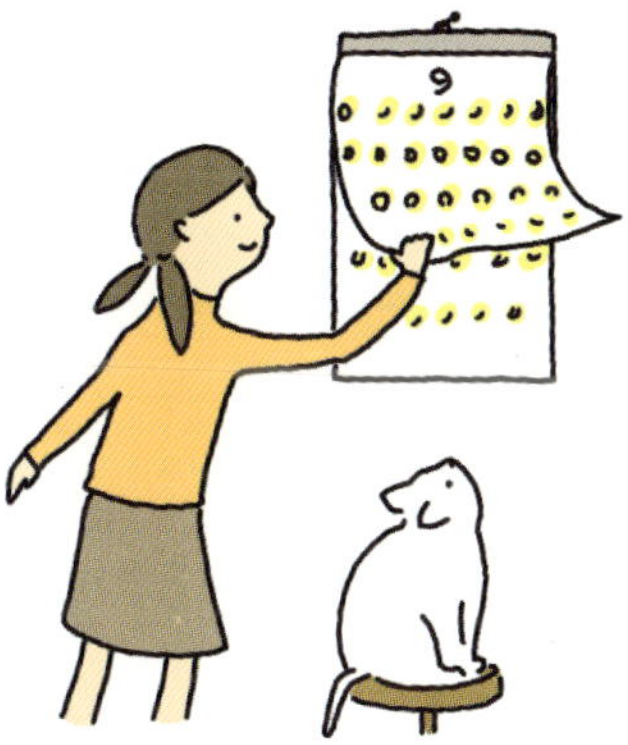
9

監修◎三浦康子

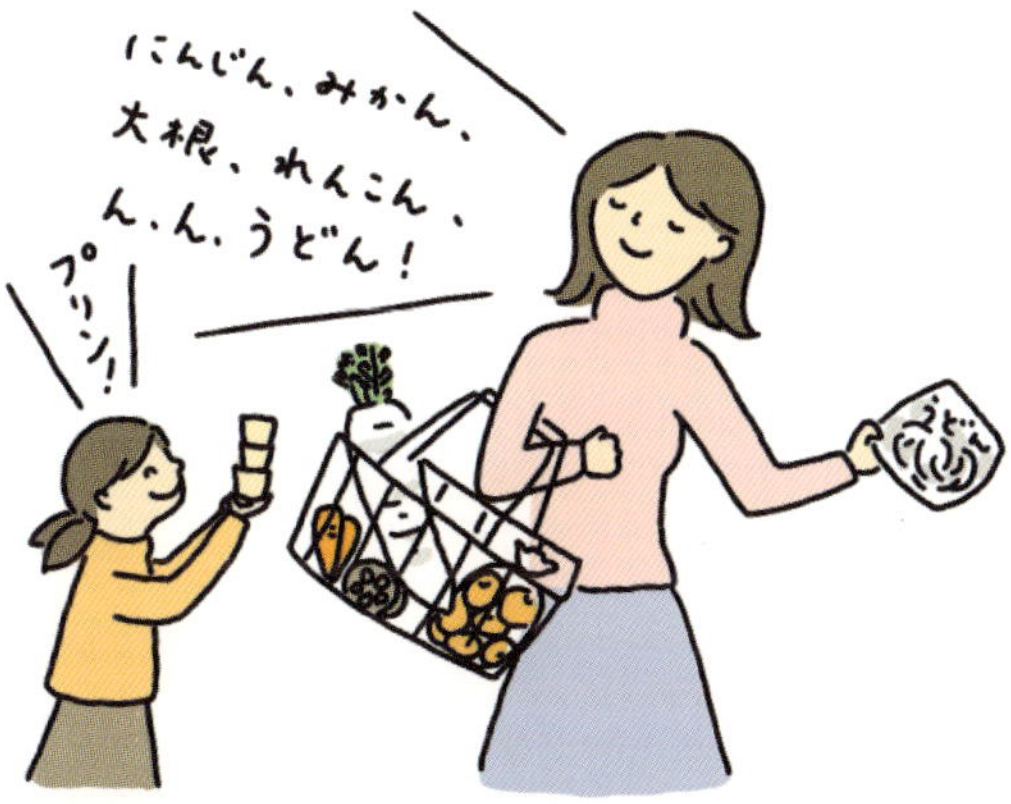
にんじん、みかん、
大根、れんこん、
ん、ん、うどん!
プリン!

永岡書店

はじめに

この本を手にとってくださったあなたは、きっとゆとりのある方だと思います。
ほんのちょっとでも歳時記に目を向けようと思ったことが、その証ですね。

ゆとりとはお金や時間があることではなく、心のゆとりのこと。
どんなにリッチでも、心にゆとりのない人は魅力がありません。
どんなに忙しくても、心にゆとりがある人は笑顔でいられます。
そのバロメーターのひとつが、季節や歳時記を楽しもうとする気持ちなのです。

現代生活には季節感がなくなったといわれますが、そんなことはありません。
漂う梅の香りにはっとすることもありますし、
祭りばやしにワクワクしたり、
熱い砂浜にとび上がってしまうこともあるでしょう。
旬の食材はやはり格別ですし、
十五夜の月はどこにいても眺められます。

なにげなく五感で感じているものが、実は季節であり、歳時記のひとつなのです。

さらに、こうした経験が人を育み、思い出や家族の絆になっていきます。
母のお雑煮が食べたくなった……
夜店を見てふと幼いころを思い出した……
それはとてもいとおしい感情ですし、
いつか我が子にも感じてほしいと思うでしょう。

歳時記を知らなくても時は過ぎていきますが、
歳時記は暮らしを豊かにするエッセンス。
それを知ることで、なにげない日常に意味が生まれます。

あなたのゆとりがさらに深まることを願い、
この本に、気負わず楽しむための歳時記を散りばめました。

監修　三浦康子

なごみ歳時記——もくじ

一月

睦月◆むつき

正月……10
だるま市……19
七草粥……20
鏡開き……22
小正月……24
十二支のはなし——順番にいえるかな？……26

二月

如月◆きさらぎ

節分……28
立春……32
初午《はつうま》……33
バレンタインデー……34
風邪は万病のもと？ ふせぐコツ、治す秘訣……38

三月

弥生◆やよい

桃の節句……40
啓蟄《けいちつ》……48
ホワイトデー……49
卒業式……50
春分……52
復活祭……56
春眠《しゅんみん》暁《あかつき》を覚えず——春先はなぜ目ざめが悪い？……60

四月

卯月◆うづき

エイプリルフール……62
花見……63
入学式……68
十三詣り……69
春は山菜。独特の苦みがまた恋しい……70

五月

皐月◆さつき

八十八夜……72
みどりの日……78
端午の節句……80
五月の祭り……86
立夏……88
母の日……90
目に青葉　山ほととぎす　初がつお……92

六月

水無月◆みなづき

衣がえ……94
入梅……96
夏至……103
誕生花と花言葉……104
父の日……106
蛍狩り……108
夏越《なご》しの祓《はらえ》……110
雨の名前と言いつたえ……112

七月

文月◆ふみづき

山開き、海開き……114
七夕……116
ほおずき市……122
朝顔市……123
お中元……124
土用の丑《うし》の日……127
大暑……130
涼《りょう》を呼ぶ風と水……132

八月

葉月◆はづき

八朔《はっさく》……134
立秋……135
お盆……136
夏祭り……140
夏の風物詩——百鬼《ひゃっき》夜行《やぎょう》の妖怪たち……144

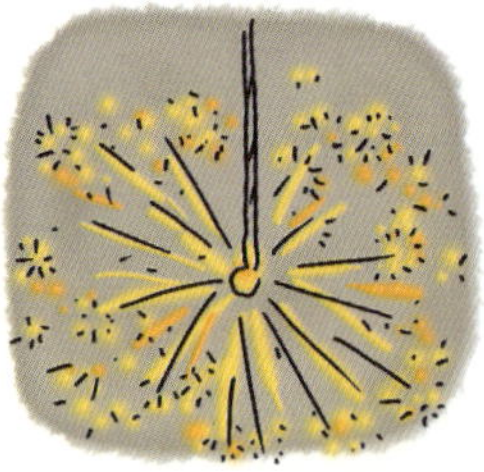

九月

長月◆ながつき

二百十日……146
防災の日……147
重陽の節句……148
十五夜……152
秋祭り……156
敬老の日……158
秋分……160
旬野菜のぬか漬けにチャレンジ！……162

十月

神無月◆かんなづき

神無月……164
衣がえ……166
おしゃれ歳時記……168
十三夜……170
十日夜……171
体育の日……172
恵比寿講……174
ハロウィン……176
紅葉狩り……178
秋の七草……179
秋づくし、わいわい行楽弁当……180

十一月

霜月◆しもつき

文化の日……182
立冬……184
亥の子祝い……185
酉《とり》の市……186
七五三……188
人生の通過儀礼……190
勤労感謝の日……192
灯火親しむ候——読書の秋……194

十二月

師走◆しわす

大雪《たいせつ》……196
正月事始め……198
すす払い……200
お歳暮……202
冬至……203
クリスマス……204
歳の市……208
大みそか……210
日々のうるおい、「ハレ」と「ケ」……212

本書の使い方……8
季節のめぐりと暦［二十四節気、雑節］……214
十二支と方位……217
用語解説さくいん……218

本書の使い方

この本では、日本や世界に伝わるお祭りやお祝いごとなど、季節の行事を月ごとにまとめ、由来や関連情報を解説。さらに、家庭でかんたんに楽しむ方法を紹介しています。

行事を行うポイントとなるキーワード、ものごとについて絵と文で説明。

その日のために手作りしたい雑貨や料理など。

今日はどんな日？行事の日付がひと目でわかります。★

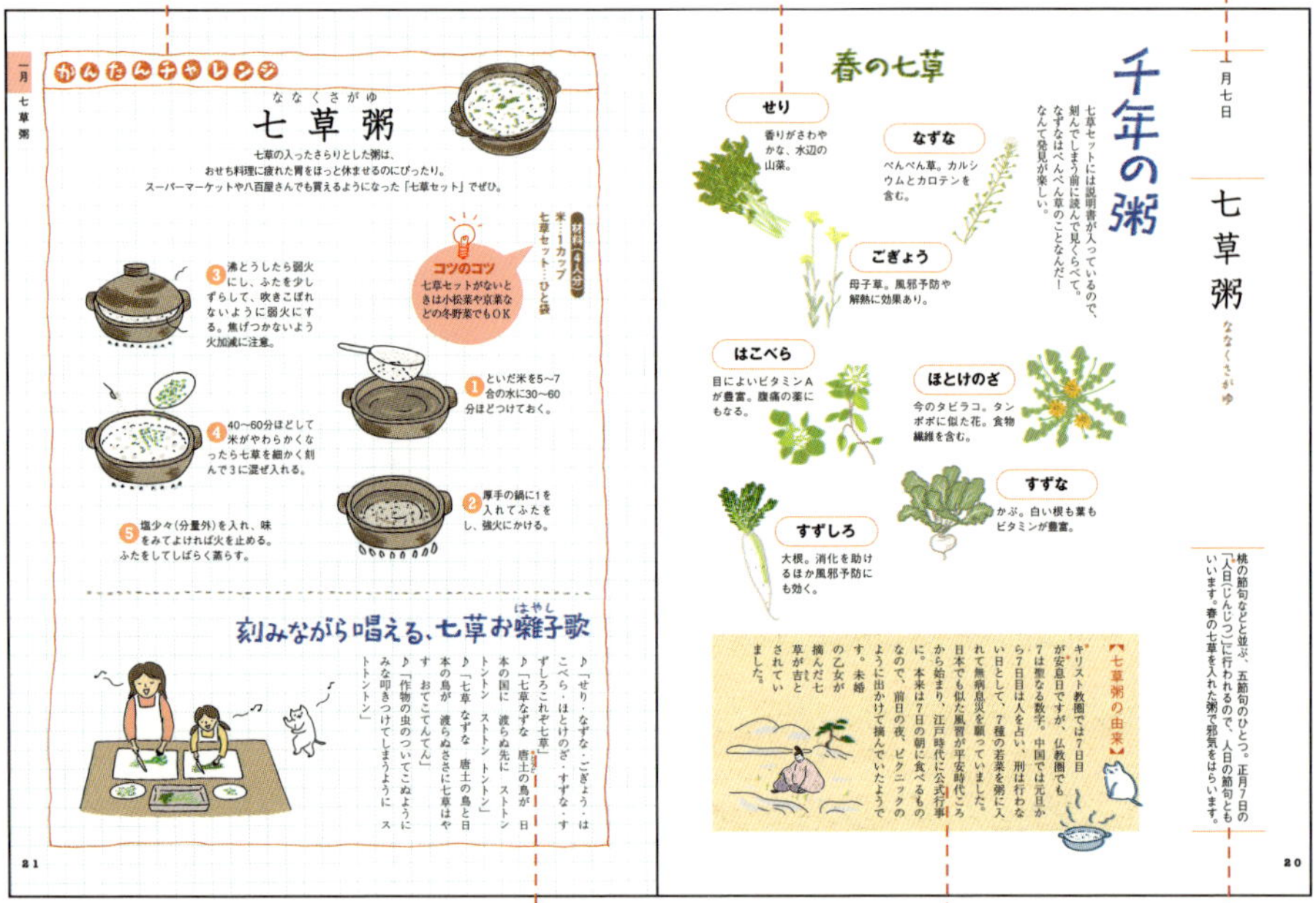

＊印のついた言葉はp218〜223で用語解説をしています。

行事の内容をかんたんに説明しています。

由来、歴史、知ってトクするまめ知識。

★旧暦と新暦

暦には、大きく分けると、太陰暦・太陽暦・太陰太陽暦の３つがあります。太陰太陽暦は新月から次の新月の前日までをひと月とするため、一年が11日ずつ短くなります。そのため、年によっては暦と季節感のあいだでときどきズレが生じます。江戸時代の日本ではこの太陰太陽暦を使っていましたが、１８７３年（明治６年）から、世界で最も多く採用されている「グレゴリオ暦」という太陽暦に切りかわりました。太陰太陽暦は「旧暦」、太陽暦は「新暦」と呼ぶことが多く、本書では、新暦で行事を紹介しています。

一月

睦月◆むつき

仲むつまじく過ごす月

あけまして
おめでとうございます。

一月一日～三日

正月《しょうがつ》

元旦の朝と朝ごはん
──大切な人たちとの新年の祝い方

元旦の朝、日の出とともにやってくる年神*（としがみ）様を、おうちでお迎えする行事がお正月です。1日が元旦、3日までを三が日、7日までを松の内といい、この一週間は食事やお化粧、外出など、すべてのものごとに深い意味がこめられています。

初日の出

元旦の朝の日の出を初日の出といいます。海や山からのぼる朝日は格別ですが、屋上や歩道橋の上など、近所に初日の出スポットを見つけておくと家族でゆっくり楽しめます。

初茜（はつあかね）
空が暗い赤に染まり始める

初東雲（はつしののめ）
雲があけぼの色に染まり始める

初明（はつあ）かり
太陽の光がほのぼのさしてきました。この瞬間が初日の出！

初《はつ》水《みず》（若《わか》水《みず》、福《ふく》水《みず》）

新年に初めてくむ水を「初水」といい、飲むと一年の邪気をはらうといわれています。きれいな新しいグラスでくめば、ペットボトルや水道の水でもOK。初水で大福茶（おおぶくちゃ）（↓p31）をたて、お雑煮も作ります。

あいさつ

顔を合わせたら「あけましておめでとう！」中国語では「新年快楽」、英語では「ハッピーニューイヤー」……どの国も、この日は新年のあいさつで始まるのです。

お年玉

年神様に供えたもちを、目下の人に分けあたえた「御歳魂」（おとしだま）が、今の「お年玉」になりました。ご両親などに渡すときは表書きを「御年賀」とします。

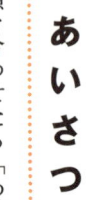

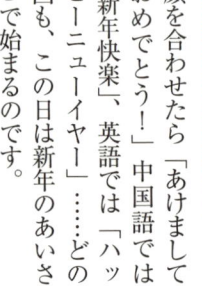

おせち料理

いよいよ正月の華、おせち料理。
お重を重ねるのは、めでたさが「重なる」から。

一の重 口取り・祝い肴

色合いがきれいで甘めの味
黒豆…まめまめしく働ける
田作り…豊作　昆布巻き…よろこぶ　数の子…子宝にめぐまれる　きんとん…金とかけて、財宝をあらわす

二の重 焼き物

さめてもおいしい海の幸
タイ…めでたい　エビ…腰が曲がるまで長生き

三の重 煮しめ

家族が仲良く結ばれるように煮「しめ」
れんこんの田舎煮…見通しがきく　ごぼうのうま煮…無病息災

与の重 酢のもの・あえもの

バランスよく生野菜
紅白なます…大根を使うので「根をはる」。清浄の白と魔除けの赤もあらわす。

【おせち料理の由来】

ちまき（→p81）や亥《い》の子もち（→p185）など、神にささげる供《く》物《もつ》を節供《せっく》といいます。節句料理を「お節《せち》料理」といい、やがてお正月の料理だけをさすようになりました。正月のあいだは神聖な火をなるべく使わないようにするため、作りおきできるものが中心。

初髪《はつかみ》

その年、初めて髪を結うことは初髪。初めてのぞく鏡は初鏡（はつかがみ）。お化粧したら初化粧。

お屠《と》蘇《そ》

山椒（さんしょう）や桔梗（ききょう）、肉桂（にっけい）などを調合した健康によいお酒。お正月は屠蘇器（とそき）でぜひ。三つ重ねの杯を若い人から順に飲んでいくと一年間若々しくいられ、病気もしないのだとか。銚子の飾りは、小さな屠蘇器にも年神様が降りてくるよう付ける、神様への目印。

神棚にお供え

初水もおせち料理も、神様と一緒にいただけるよう、まず神棚にお供えします。神棚がない家は、家のなるべく南向きか東向きの目線より高いところに。白い紙を敷けば、そこが神様の場所に。

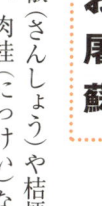

かんたんチャレンジ

お雑煮《ぞうに》

東西に長い日本、東と西ではこれが同じお雑煮？　と驚くくらい違うもの。

家のならわしにしたがって作る人、結婚したふたりが関東と関西出身だったため、どちらの口にも合うわが家流を開発した人など、味は家庭によってもさまざま。お好みはどちら？

関東風の例（関東、中国、九州地方に多い）

すまし汁＋焼いた角もち＋小松菜、にんじん、鶏肉、三つ葉など。すっきり、キリッとした味わい。

1. 小鍋にかつおだしと塩、しょう油、酒を入れ、ひと煮立ちさせる。
2. ひと口大にそぎ切りした鶏もも肉と、戻したしいたけ、にんじんを1に加えやわらかくなるまで煮る。
3. こんがり焼いた角もちと、塩ゆでした小松菜を椀に入れる。
4. 2をそそいで三つ葉とゆずを飾る。

関西風の例（京都が中心）

白みそ＋焼かない丸もち＋里芋、大根、にんじんなど。まったりした甘いお雑煮。

1. 里芋、大根、にんじんは煮くずれしないよう面取りし、別鍋で煮ておく。もちもやわらかく煮ておく。
2. 鍋に昆布だしをはって具ともちを入れ、ひと煮立ちしたら西京みそを入れる。
3. 椀にそそいで花かつおをふんわりかける。

【お雑煮の由来】

室町時代に生まれた「おぞうに」は「五臓を保養する」という意味があり、あわびや里芋、山芋、大豆など健康によいもの7種を入れた煮物でした。それが江戸時代には「雑煮」にかわり、なんでも雑多に煮てOKということに。そこで、各地の、それぞれの地方なり家なりのお雑煮が生まれたのです。

●島根県　あずきを煮たお汁粉のようなお雑煮。
●香川県　あんころもちを入れた白みそ仕立て。
●福井県　「かぶら雑煮」という、かぶと赤みその雑煮。
●長崎県、長野県　出世魚のブリを入れる。

ほか、ユニークなお雑煮ともちが全国に。なかでも米どころはおもちの種類が豊富で、正月をはじめお祝いのときには10種以上のもちをフルコースで食べるところも。

かんたんチャレンジ

田作《たづく》り

正月に食べる縁起のよいものをお重に詰めて……。
おせちを作るのは初めてという人は、すぐできる田作りにトライしてみませんか。

材料（4人分）

ごまめ
（かたくちいわしを干したもの）…50g
（手のひらにこんもり盛れるくらい）
たれ
砂糖…大さじ1
しょう油、酒、水…各大さじ2
白ごま…大さじ1

1 厚手の鍋かフライパンを弱火にかけ、ほんのりあたたまったらごまめを入れる。

2 さい箸でかきまぜながら弱火で炒（い）り続け、ポキッと折れるくらいに火が通ったらざるにあける。火が強いとすぐ焦げて苦くなるので気長に慎重に。

3 別の小鍋に砂糖、酒、しょう油、水を入れてあたため、泡がプクプク出てきたらごく弱火にして煮詰める。

4 3に2のごまめをあけ、熱いうちにからめる。白ごまをふりかけてできあがり。

コツのコツ
コクを出したいときは最後にごま油をひとたらし

【まめ知識】

ごまめの歯ぎしり　負けて当たり前な弱い者が、やたらと悔しがること。

ごまめの魚（とと）まじり　立派な人のなかに、そうでない小者《こもの》が混じっていること。

正月用の魚なのに、かわいそうなほどのいわれようです。こんなごまめがおせち料理の定番になるほど出世したのは、田植えのときに乾燥させ、砕いて土の肥料にしたため。田を作る魚、つまり田作りという意味に転じたからです。

おうちでお正月！

年賀状

年始のあいさつを簡略化したのが年賀はがき。その歴史は郵便制度が登場した明治時代からで、もう百年以上！　７日を過ぎて返事を出すときは、年賀状ではなく寒中見舞いにかえて。

年始《ねんし》

元旦はゆっくり休んで２日目にお年始へ。だいたい７日までに済ませるのがマナー。うかがう前に、先方の都合を聞いておきます。

祝い膳

ふだんは家族でわいわい食べていても、お正月はちょっとあらたまってみます。

- おつくり…縁起のよい５切れか７切れを平皿にならべる。３切れは「身切れ」につながるのでタブー。
- お煮しめ…鉢にざっくり盛るとおうち向け。外の人をもてなすなら材料ごとに盛り合わせるとちょっとフォーマル。
- ご飯もの…小さな俵型に結んで、お重か笹の葉に盛ると、お祝いらしい雰囲気に。
- 祝い箸…ハレ（→ｐ212）の日への畏（おそ）れをこめて、ふだんの箸は使わず、名前を書いた袋に、水引きのかかった祝い箸を使う。
- テーブル小物…ランチョンマットを和紙にしたり、箸置きをその年の干支のものにしたり。

祝い箸

厄（やく）をはらう霊木（れいぼく）、柳でできた箸。両方が細くなった両口箸で、片方は神様のため。神様と一緒に食事をするという意味。末広がりの八寸（約24cm）の長さ。

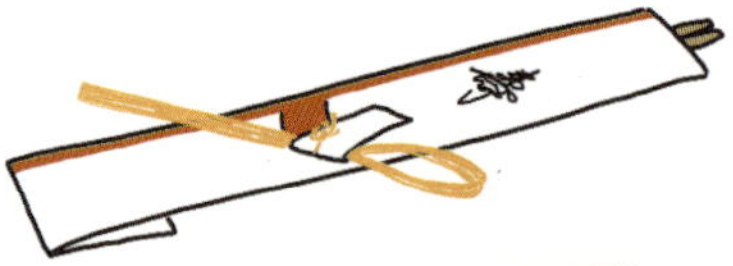

門松《かどまつ》・松飾り

門松は年神様が降りてくるときの目印。必ずコンビなのは、男松と女松があるから。28日までに立て、1月7日に取りのぞくのが一般的。正月をひと区切りする意味で、元旦から7日までを「松の内」といいます（立て方→ｐ209）。

●上の絵をコピーして枕の下に敷いて寝る。

吉夢を見るには

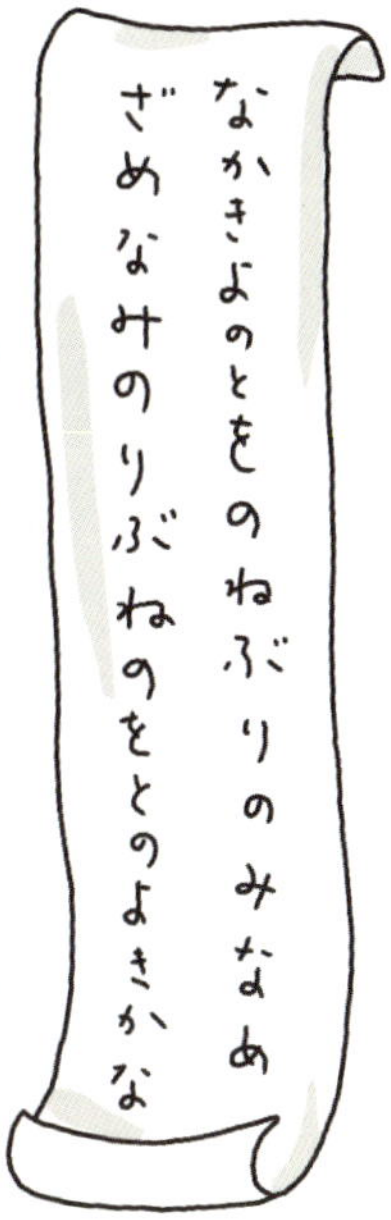
なかきよのとをのねぶりのみなめ
ざめなみのりぶねのをとのよきかな

●「長き世の遠の眠りのみな目覚め波乗り船の音のよきかな。」上から読んでも下から読んでも同じ回文を枕の下に敷いて寝る。

初夢《はつゆめ》

元旦の夜から２日目の朝にかけて見る夢。山など末広がりのもの、鳥など空高く舞うもの、「成す」に通ずるナスが出てくる夢を見たら大吉。一富士二鷹三茄子（いちふじにたかさんなすび）といい、いずれも駿河（するが）の名物という説も。天下を取った徳川家康の出身地にあやかっています。

●悪い夢を食べてくれるという*獏（ばく）の絵か、「獏」と書いた紙を枕の下に敷いて寝る。

宝

●宝船の絵を枕の下に敷いて寝る。

注連縄《しめなわ》

年神様が家の中にもやってきてくれるように飾ります。前の年に収穫された稲のワラで作られています（注連飾り→p 209）。

鏡もち

新しい年の神様を迎えるお供え物。神棚がなければタンスの上に白い紙を敷いて、その上に飾っても大丈夫。だいだいなどの飾りにはそれぞれ意味があります（→p 209）。

お外でお正月！

初詣のお作法

その年の吉方向にある社寺や地元の神社へ、新年に初めてお参りすることを初詣(はつもうで)といいます。都合で元旦に行けなくとも、7日までは年神様がいますから大丈夫。ふるまわれる甘酒や、参道の露店も楽しみ！

1　鳥居(とりい)は、ここから向こうは神の領域ですよ、というしるし。会釈してくぐる。

2　鳥居をくぐると手水舎(てみずや)が。ひしゃくを右手に持って水をくみ、左手に水をかけてから、持ちかえて右手にもかける。

また右手に持ちかえて左手に水を受け、その水で口をすすいでから再び左手にかける。最後にひしゃくを立て柄を洗う。

一杯の水で両手と口を洗い、残った水でひしゃくも洗ってしまうという、とても合理的で水を無駄にしない浄(きよ)めです。

3　参道は神が歩く道。真ん中ではなく、両端を静かに歩いたほうが神様に喜ばれるかも。

4　本殿まで行きついたらお賽銭(さいせん)を投げ入れる。「ご縁」とかけて5円をささげる人、「始終ご縁があるように」45円を入れる人などさまざま。

5　鈴の緒を両手で持ち3回鳴らして鈴祓(すずはら)え。清らかな音で邪気をはらい、聞いてください！　という合図を神様に送ってくれます。

6　二拝二拍手一拝(にはいにはくしゅいっぱい)。2度おじぎをして、拍手(かしわで)を2回打ち、願いごとをします。最後にもう一度深くおじぎをします。

初門出《はつかどで》

ちょっと外出するのでも新年ならば「初門出」。めでたいこととされています。

【まめ知識】

初詣の参拝客数ベスト3は東京の神社・明治神宮《めいじじんぐう》、神奈川のお寺・川崎大師《かわさきだいし》、千葉のお寺の成田山新勝寺《なりたさんしんしょうじ》。初詣は神社でもお寺でもいいのでしょうか。答えはイエス。もともと神社は神様をまつるところ、お寺は仏教に帰依《きえ》する僧が学び修行するところでしたが、神社が寺院の仏教建築を模したり、以前お寺だったところが神社に変わるなどして「仏は神の化身」とされ、神仏は同じという考えが生まれました。ですから、神社でもお寺でもちゃんと願いをきいてもらえます。

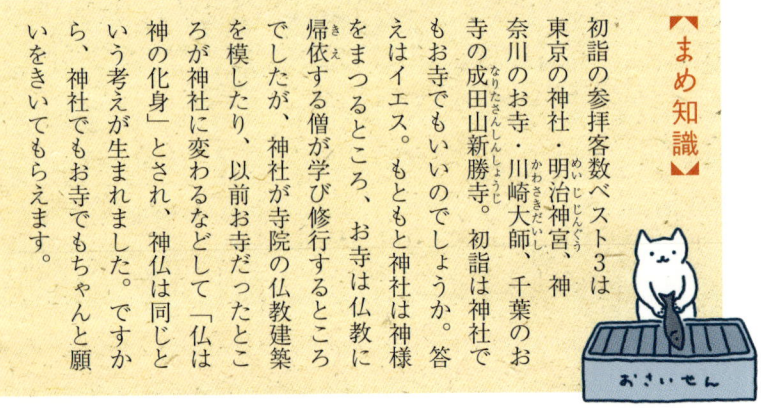

神社の縁起物

破魔矢《はまや》

家内安全、無病息災のお守り。新しい破魔矢を買ったら、神棚か、家の*東南の方向の目線より高い位置、または玄関などに飾ります。去年の破魔矢は去年のケガレに染まっているので、年ごとに新しく。

おみくじ

一年の*吉凶(きっきょう)を占えます。凶を引いても、やがては吉が戻ってくるので気にしなくて大丈夫。ただ「何ごとも努力せよ」という意味ではあるようです。縄や木に結ぶのは「願いごとがしっかり結ばれますように」という意味。

絵馬《えま》

願いごとを書いて神社や寺に納(おさ)めます。馬は神様が乗って降臨してくる神秘的な動物として、古代から大切にされてきました。もとは馬を奉納(ほうのう)するかわりに絵を描いたことに始まります。

初売り・初買い

初売りといえば福袋。中が透けて見える福袋は、ワクワク感がなくなるジレンマも。グループで出かけて好みの品に交換しあうのもよいでしょう。銀座の老舗百貨店が明治時代には早くも販売していたという説があります。

お札《ふだ》、お守り

運を呼び入れ、厄をはらう。「平穏」を願うものと、受験に合格する、恋が実るなど、「攻め」のお守りになってくれるものとがあります。願いごとに合わせて選びましょう。

獅子舞《ししまい》

ペルシャという国に百獣の王がいるらしい……シルクロードの砂漠を旅する商人から噂を聞きつけた中国人が、想像した動物をお面に描き、戦いの前につけて踊るようになります。それが米の国の日本に伝わると豊作を祈る獅子舞に変化。屋内のステージでも披露されますが、やはり野外が情緒あり！

心おどるお正月の遊び

百人一首

絵や和歌の書かれた百人一首。絵札の山を１枚ずつめくっていく坊主めくりは、文字が読めない子たちでも遊べます。少し大人になったら*カルタを教えてあげましょう。

凧《たこ》あげ

後ろにさがりつつ、凧糸をくり出していくのがコツ。高くあがるほど子どもが元気に成長するのだそう。

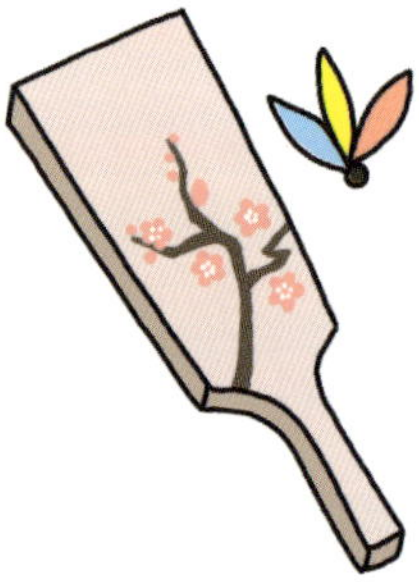

羽根つき

羽根つき遊びをすると、厄を「はね」のけることができます。羽根をつきそこなった子は、顔に墨をつけられますが、これも魔除（まよ）けのおまじないでした。

こま回し

こまとこまをはじかせあったり、いつまで回るか競ったり……。

すごろく

サイコロを振って、出た目の数だけ進む。最初にゴールに着いた人の勝ち。

福笑い

タオルなどで目隠しをし、おたふくの目や鼻や口をつけていきます。今は人気アニメのおたふくも登場しています。変な顔になって大爆笑。

お手玉

米やあずきをちりめんの袋に入れたお手玉。手作りする人は、虫がわかないよう砕いた炭などを混ぜておくとよいでしょう。

慣れたら3コ、4コをあやつり、やがては歌いながら取ったり、高下駄をはいて、立って取ったり……。

一月二日～地方により四月まで

だるま市《だるまいち》

東日本を中心に開かれるだるま市。年ごとに大きなものに買いかえて、一年の願掛けをするのがならわしです。

だるまに願掛け！

どこで買える？

養蚕（ようさん）が盛んだった群馬県高崎市をはじめ、各地でだるま市が開かれます。もしも地元に市がなかったり、買いのがしたりしたら、デパートか民芸品店へ。でも縁起ものなので、できれば神社が一番！

魔よけの赤以外にも。色々だるま

黄色　金運をよぶ。
緑　健康に暮らせる。
桃色　恋をよぶ。
紫　大きな願いごとがかなう。
白　リフレッシュ。結婚式の寄せ書き用にも人気。

願いをかなえる「だるまに目！」

眉が鶴、髭（ひげ）が亀、耳髭は松・梅、あご髭は竹。目が入ればもっと「目出たい」！

1　早朝、太陽が昇るころに、願いごとをとなえながら黒目を描きいれる。向かって右の目が一般的。

2　神棚か、吉（きち）を呼ぶ南の方角に置く。

3　願いがかなったタイミングで左目も描きいれる。右目と同じ大きさにしてあげましょう。

4　両目がパッチリと入っただるまは買った神社へ持っていくと、お焚（た）き上げしてくれます。どうもありがとう……。

願掛け効果は一年なので、一年飾ったら願いごとがまだかなわなくてもお焚き上げなどして納めます。買うときに納め方も聞いておきましょう。

【だるまの由来】

200年ほど前、草木も食べたという天明《てんめい》の大飢饉《ききん》が起こったとき、少林山達磨寺《しょうりんざんだるまでら》の和尚《おしょう》が達磨《ダルマ》大師の図を手本にして農民にだるまを作らせ、副業にさせて飢えから救いました。張り子のだるまは作られ続けるうちになぜか繭《まゆ》の形に似ていき、やがて「転んでも起きあがる」ことから「七転び八起き」の精神にあやかれると評判になっていきました。

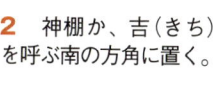

一月七日

七草粥

ななくさがゆ

桃の節句などと並ぶ、五節句のひとつ。正月7日の「*人日(じんじつ)」に行われるので、人日の節句ともいいます。春の七草を入れた粥で邪気をはらいます。

千年の粥

七草セットには説明書が入っているので、刻んでしまう前に読んで見くらべて。なずなはぺんぺん草のことなんだ！ なんて発見が楽しい。

春の七草

せり
香りがさわやかな、水辺の山菜。

なずな
ぺんぺん草。カルシウムとカロテンを含む。

ごぎょう
母子草。風邪予防や解熱に効果あり。

はこべら
目によいビタミンAが豊富。腹痛の薬にもなる。

ほとけのざ
今のタビラコ。タンポポに似た花。食物繊維を含む。

すずな
かぶ。白い根も葉もビタミンが豊富。

すずしろ
大根。消化を助けるほか風邪予防にも効く。

【七草粥の由来】

*キリスト教圏では7日目が*安息日ですが、仏教圏でも7は聖なる数字。中国では元旦から7日目は人を占い、刑は行わない日として、7種の若菜を粥に入れて無病息災を願っていました。日本でも似た風習が平安時代ころから始まり、江戸時代に公式行事に。本来は7日の朝に食べるものなので、前日の夜、ピクニックのように出かけて摘んでいたようです。未婚の乙女が摘んだ七草が吉《きち》とされていました。

かんたんチャレンジ

七草粥《ななくさがゆ》

七草の入ったさらりとした粥は、
おせち料理に疲れた胃をほっと休ませるのにぴったり。
スーパーマーケットや八百屋さんでも買えるようになった「七草セット」でぜひ。

材料（4人分）
米…1カップ
七草セット…ひと袋

コツのコツ
七草セットがないときは小松菜や京菜などの冬野菜でもOK

1 といだ米を5〜7合の水に30〜60分ほどつけておく。

2 厚手の鍋に1をし、強火にかける。

3 沸とうしたら弱火にし、ふたを少しずらして、吹きこぼれないように弱火にする。焦げつかないよう火加減に注意。

4 40〜60分ほどして米がやわらかくなったら七草を細かく刻んで3に混ぜ入れる。

5 塩少々（分量外）を入れ、味をみてよければ火を止める。ふたをしてしばらく蒸らす。

刻みながら唱える、七草お囃子《はやし》歌

♪「せり・なずな・ごぎょう・はこべら・ほとけのざ・すずな・すずしろこれぞ七草」

♪「七草なずな　*唐土《とうど》の鳥が　日本の国に　渡らぬ先に　ストトン　トントン　ストトン　トントン」

♪「七草　なずな　唐土の鳥と　日本の鳥が　渡らぬさきに七草はやす　おてこてんてん」

♪「作物の虫のついてこぬように　みな叩きつけてしまうように　ストトントン」

一月十一日

鏡開き《かがみびらき》

もちは〝鏡〟！

米からできるもちは神聖な食べ物。神が宿る丸い鏡に見立てた鏡もちは年神様の拠(よ)りどころです。きょうは正月のあいだ供えた鏡もちを食べて、年神様とお別れする日。「切る」というのは縁起がよくないので「開く」といいましょう。

鏡もちの開き方

1　神棚から下げて飾りをはずす。真空パックに入っているものは底を開けてもちを取りだす。

2　木槌(きづち)か、金槌で少しずつ叩く。ヒビが入ってから勢いよくおろすとハジけるように割れる。もとは武家の行事だったため、包丁で「切る」のは切腹につながってタブー。割れてから投げたり遊んだりするのも×。

3　鏡もちを食すことを「歯固め」といいます。固いものを食べて歯を丈夫にすると、長寿につながることからおめでたいこととされています。年神様をお見送りしたら、お正月とさようなら。

かんたんアレンジ

鏡もちアレンジ

鏡もちの定番といえばお汁粉ですが、
サックリ揚げれば、おかきに揚げだし風にグラタンにと目先が変わります。
お汁粉が苦手な人は試してみて。

お酒のおつまみに

もち&チーズ

揚げもちをフライパンに並べ、その上にきつね色に炒(いた)めて塩こしょうした玉ねぎをのせる。さらにチーズをのせてふたをして蒸し焼き。チーズが溶けたらできあがり。

おやつに

かきもち

ひと口大に割ってから、160度くらいの油で揚げる。ぷーっとふくらんできたら火を止め、ざるにあげて油を切る。塩をふるかしょう油をかけてできあがり。青のりやごまをまぶしても楽しい。

パンにもぴったり

もちグラタン

オーブントースターで焼いたもちをグラタン皿に並べ、ベーコン、ピーマン、みじん切りにしたにんにく、輪切りにした玉ねぎをのせてホワイトソースとチーズをかける。250度のオーブンでチーズが溶けるまで焼く。

ごはんのおかずに

揚げだし風鏡もち

揚げたもちに、しょう油、酒、みりん、昆布を煮詰めただしか、市販のめんつゆをかけて、上に大根おろしをたっぷりと。

一月十五日

小正月《こしょうがつ》

大正月は年神様を迎える行事が中心ですが、小正月はあずき粥（がゆ）を食べて豊作を祈る、こじんまりしたお正月。大正月で忙しかった女性がやっと休める日でもあるので、大正月を男正月、小正月を女正月ともいいました。

みやびな小正月の行事

もち花飾る

柳などの木にもち花を飾りつけて稲穂に見立て、豊作を祈ります。もち花は紅白の小さなおもち。旧暦では1月15日は望月（もちづき）、つまり満月。昔は一年で最初の満月を正月としていたので、もち花は正月飾りでもあるわけです。

元服《げんぷく》

武士の時代、*元服の儀式を小正月に行っていたことから、現代の元服である成人式を、この日に行うようになりました。平成10年から1月の第2月曜日に固定。

火祭り

正月の縁起物を火に投げいれて燃やす神事。書き初めの火が高く上がったら、字の上達はお墨つき。この火で焼いたもちを食べたら無病息災。

こんな小正月、あんな小正月

- **なまはげ**　怠け者を戒めるため、鬼が家々を訪ねて子どもをおどす。旧暦では1月15日の行事だったが今は大みそかに行う。
- **かまくら**　雪のほこらを作って祭壇をもうけ、子どもたちが火を灯《とも》して遊ぶ。

かんたんチャレンジ

あずき粥《がゆ》

あずきのお粥で厄払いしてみませんか。
『枕草子』にも登場するあずき粥は、
あずき缶でかんたんに作れます。

材料（4人分）

米…1カップ
市販のゆであずき缶（無糖）…1缶
水…6カップ
塩…小さじ1

1. 米はといでざるにあげ、水気を切る。
2. 1とあずきと水6カップを鍋に入れて30分ほどおく。
3. 鍋にふたをして強火にかける。沸とうしたら弱火にし、吹きこぼれないように、1時間ほど炊く。
4. 塩を加え、ふたをして5分ほど蒸らす。

ほかにもこんなあずき料理

あずきの赤い色は邪気をはらってくれるとされています。
おやつにおかずに。

冬のビタミン補給に

あずきとかぼちゃのいとこ煮

ひと口大に切ったかぼちゃを和風だし1カップと薄口しょう油、みりん少々で煮る。かぼちゃがやわらかくなったら、ゆであずきを入れ、さっと混ぜて数分煮る。

固い材料からおいおい入れて
煮込むから甥甥（おいおい）とか
姪姪（めいめい）に掛けているんですって
どうして いとこ煮って
いうの？

牛乳とあずきが好相性

あずきの牛乳かん

牛乳、粉寒天、水を火にかける。寒天が溶けたら火を止め、ゆであずきと砂糖を加え冷ます。あら熱が取れたら型に流し入れ、冷蔵庫で冷やしかためる。

十二支のはなし——順番にいえるかな？

年賀状には、その年の十二支《じゅうにし》をあらわす動物や漢字が書かれています。12年に一度、生まれた年の動物が回ってくると、何かうれしく、おめでたい気がするもの。

十二支および干支《えと》は古代中国から伝わりました。当時の人々は東西南北の方角に子《ね》・丑《うし》・寅《とら》・卯《う》・辰《たつ》・巳《み》・午《うま》・未《ひつじ》・申《さる》・酉《とり》・戌《いぬ》・亥《い》と漢字を当てはめ、やがて、子はねずみ、丑は牛……と動物のイメージを重ねていったのです。数ある動物の中からなぜこの12種が選ばれたかについては、次のような説があります。

子 **ねずみ**／成長が早く多産。子孫繁栄《しそんはんえい》を象徴。

丑 **うし**／力持ちで従順。十二支の順番を決めるレースで、ねずみが牛の頭に乗ってゴール寸前で降り、一着をとってしまったという説もある。

寅 **とら**／死して皮を残す。「死して名を残す」に通ずる。

卯 **うさぎ**／おだやかで高く跳ぶ。飛躍と家庭円満を象徴。

龍 **りゅう**／十二支の中ではただひとつ、幻の聖獣。富と権力の象徴。

巳 **へび**／執念深いぶん、人から受けた恩は忘れず、義理がたい。

午 **うま**／王や貴族が乗る、高貴な動物。

未 **ひつじ**／地球最古の家畜。群れて移動し、家族と平和を愛する。

申 **さる**／山神の使い。賢く人なつこい。

酉 **にわとり**／人に時を知らせる。商売ではとくに縁起がいい動物。

戌 **いぬ**／人に忠実で、賢い。

亥 **いのしし**／子作りがうまく、勇敢。

それぞれの動物は、その年に生まれた人を守ってくれるといいます。また、自分の干支から数えて7つ前を「向かい干支」といい、自分と正反対の性質をもっているので相性がいいとも。相性の合う干支や、その年の干支にちなむ物を買い、12年かけてそろえるのも縁起が良い。

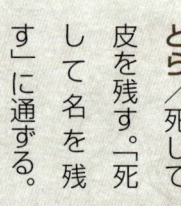

二月

如月◆きさらぎ

寒いので服（衣）をさらにさらに着こむ、衣更着

二月三日ごろ

節分《せつぶん》

鬼退治大作戦！

節分とは季節と季節の分かれ目をいい、立春、立夏、立秋、立冬の前日をさします。旧暦では、立春まえの節分は大みそかにあたる大切な日だったため、前年の厄（やく）をはらうさまざまな行事が行われました。その代表が豆まきです。

その1　豆まき

炒（い）った大豆を枡（ます）に入れて神棚にお供えするか、神棚がない家なら南の方角に置き、夜になってから、戸口や窓、ベランダなどにまく。芽が出る寸前の春の豆は生命力の象徴。2月は寒さが厳しく、風邪をひきやすいとき。この行事で気持ちを引きしめては。

豆をまくのは、その年の干支（えと）の*年男、年女が吉。家族に年男くんや年女さんがいたら、ぜひまめまき役を！

拾い忘れた豆から芽が出ると、よくないことが起こるそう。豆は必ず火を通して。スーパーで買える、節分用の炒り豆でＯＫ。

【まめ知識】

日本のおまじないや風習に登場する食べ物は健康によく、自然の法則にのっとったものばかりですが、大豆もそのひとつ。大豆の30％はタンパク質で、ビタミンやイソフラボンもたっぷり。日本人の長寿の秘訣は、みそや豆腐などの大豆製品にあるのではといわれているほど。昔の人は大豆のよさを知っていて、一生懸命食べたのかもしれません。

その2　やいかがし、ヒイラギ

豆を炒（い）るときの火にイワシの頭もくべ、においをたたせて串に刺します。これを焼臭がし（やいかがし）といい、玄関の引き戸に挿してから「ぴしゃん」と閉めると、鬼が入ってこないのだとか。また、先がギザギザに尖ったヒイラギの葉も一緒に挿しておくと、まんいち開けようとしても、鬼の目を突いて、鬼をはらってくれるとされています。

スーパーでもセットで買えるので、お守りに飾ってみては？

西洋の鬼（ドラキュラ）はにんにくのにおいがキライ、日本の鬼はイワシと豆のにおいが大キライ！

その3　恵方《えほう》巻き

うなぎ、玉子、きゅうり、でんぶ……７種もの具を巻いたのり巻きをガブリ！　その年の年神（としがみ）様が来る恵方（えほう）を向いてかじると、願いごとがかなう、商売が繁盛する、一年間無病息災で過ごせるといわれています（作り方→p30）。

豆まきの面白バリエーション

●北海道〜東北、信越地方　雪の中でも探しやすいよう、豆のかわりに殻つき落花生をまく。

●九州　「鬼は外」ではなく、「鬼はほか」という。

●岡山、佐渡など　豆占いをする。豆を炉《ろ》の灰の上に12粒並べ、右から1月2月……12月とし、白くなった月は晴れ、黒っぽく焦げたら雨、豆がころころ転がったらその月は風が強くなる。

●「九鬼《くき》さん」「鬼頭《きとう》さん」など、苗字に鬼のつく家では、「鬼はー内、福はー内」といって、「鬼」を中によびこむ。

かんたんチャレンジ

恵方《えほう》巻き

7種の具を巻き込んだ、「福を巻く」にもつながる恵方巻き。

赤、黄、緑、白、黒（または茶）の5色の食材を用意するのがおいしそうに見えるコツ。

くずれてもおうちで食べるのだから気にしない気にしない。

材料（2本分）

すし飯…ごはん茶碗2杯分
焼きのり…2枚
具
うなぎの蒲焼（市販）…1／2本
きゅうり、にんじん…各縦1／2本
かにかまぼこ…3〜4本
厚焼き玉子…1／4本
でんぶ、白ごま…少々
調味料
すし飯のもと（市販）…適宜

1 心もち水を少なめに炊いた米にすし飯のもとかすし酢（作り方→p102）を合わせてパラッと混ぜる。

2 にんじんはさっと塩ゆでし、のりの幅に合わせて縦長に細く切る。きゅうりも細切り。厚焼き玉子やかまぼこ、うなぎも縦に細く切っておく。

3 巻きすの上にのりを置き、すし飯をのせる。

コツのコツ
すし飯はのりが透けるくらいに薄くのせて

4 手前から1/3くらいの位置に手でくぼみをつけて2の具をのせ、でんぶと白ごまを散らす。

5 巻きすを持って一気にむこう端に巻き込み、両手で押さえて形を決める。

かんたんチャレンジ

福茶《ふくちゃ》

豆を年の数だけ食べられないときは福茶（→p15）にして飲みましょう。

福茶はお正月にも飲む、縁起のいいお茶。

節分では、「3」という吉数の豆を入れて飲みます。これで一年間、「まめまめしく」働けるはず！

材料（湯のみ1杯分）

- 塩昆布または昆布の佃煮…2枚
- 梅干…1コ
- 福豆（豆まきに使った豆）…3粒

1. 湯のみに材料をすべて入れる。
2. 熱々のお湯を湯のみにそそいでできあがり。

豆がお湯でふやけてとてもまろやかなお味。昆布は「よろこぶ」とかけています。

【節分の由来】

鬼は悪や病、恐怖の象徴。山に棲《す》み、酒と踊りが大好きで、千里の先も見渡せる千里眼で、人間をだましたり大切なものを盗んだりします。とても怖い存在である一方、『桃太郎』のような勇敢な童子にあっさり退治されてしまう、まぬけな一面も……。邪悪な鬼に、春の象徴である豆を打って追いはらう行事は、中国伝来の行事「追儺《ついな》」が由来。室町時代ごろに日本に伝わり、農村で広まったのち、宮中で行事として完成されました。

実はあまり怖くない鬼？

二月四日ごろ

立春《りっしゅん》

二十四節気（にじゅうしせっき）（↓p214）のひとつで、旧暦では、節分の翌日であるこの日が正月とされていました。暦のうえでは春の始まりですが、冬の寒さは2月がピーク。風邪をひかないよう気をつけましょう。

光はもう春

ひと足はやい春の見つけ方

気温の変化は光の変化より2週間ほど遅れます。この時期、大陸から吹いてくる黄砂（こうさ）が日本の上空をおおうため、空は黄色っぽい白に見える日が多くなっていきます。

春一番

漁師さんが使っていた、風をあらわす言葉のひとつ。日本海で発達した低気圧に向かって吹き込む、その年初めての強い南風のこと。

猫の恋

猫が恋する季節は2月から初夏にかけて。じらす女猫とけなげに追いかける男猫を街角で見かけたら、春はそこまで。

立春正月《りっしゅんしょうがつ》

立春を華やかに祝う国としては中国が有名。横浜の中華街では毎年「春節（しゅんせつ）」のイベントを開催し、獅子舞や爆竹（ばくちく）で祝います。

立春から始まる一年

旧暦の時代は一年の始まりは立春だったため、立春を基準にさまざまな節目が決められています。

- **春**　立春から立夏（5月6日ごろ）の前日までをいい、冬至（12月22日ごろ）と春分（3月21日ごろ）の中間。旧暦の時代は、立春と正月はほぼ重なっていた。正月を「新春」というのはその名残《なごり》。
- **八十八夜**（↓p72）　立春から数えて88日目のこと。この日に摘んだお茶の葉は霜をかぶらないため、よい茶葉になるという。
- **二百十日**（↓p146）　立春から210日目。台風が来ることが多いとされる。
- **二百二十日**　9月中旬。現代ではこの日のほうが台風と重なることが多い。

二月の第一午の日（上旬）

初午《はつうま》

稲荷神（いなりじん）をまつるお祭り。日本全国の稲荷神社が赤いのぼりを立てて、*五穀豊穣（ごこくほうじょう）や商売繁盛を願います。

初午の縁起物たち

しもつかれ

鬼おろしですった大根をにんじん、酒粕（さけかす）、油揚げ、大豆、鮭の頭と煮る煮つけ。栃木県を中心とした北関東一帯に伝わる郷土料理です。おせち料理や節分の残りをうまく使った栄養満点の一品。

油揚げ

稲荷神社といえばきつねがまつられています。きつねが神様なの？　いいえ、きつねは稲荷神のお使い役。そもそも、いなりずしやきつねうどんは、きつねの大好物の油揚げを人間もたくさん食べられるよう生まれたメニューなのです。

初午もうでのご利益

きつねが神様に願いを伝えてくれるかも？

稲荷神社は全国に4万社。農業、漁業、商売、家庭円満にご利益（りやく）あり。

【初午の由来】

十二支（→p217）に「初子《はつね》」「初午《はつうま》」など「初」の字をつけて、その時季にふさわしい祭事を行う習慣は古来からあります。旧暦2月の最初の午の日は今の3月にあたり、ちょうど稲作を始める時期だったため、農耕の神様をまつるようになりました。稲荷神社の総本山、伏見《ふしみ》稲荷大社《いなりたいしゃ》（京都）には全国から初午詣での人が訪れます。願いがかなった人たちが寄進した鳥居がズラリ！

二月十四日

バレンタインデー

ばれんたいんでー

ローマの聖バレンタインが殉教*（じゅんきょう）した日。愛の記念日にちなみ、恋人どうしや夫婦でプレゼントを交換します。プレゼント＝チョコという決まりは、実はありません。同性の友達どうしの交換もOK。

聖14日に贈るもの

大切な人に、「大切なのよ」と伝える日

バレンタインカード

心のこもった手書きがおすすめ！

- 孫からおばあちゃん、おじいちゃんなら「元気でいてね」「長生きしてね」
- 夫から妻へ、妻から夫へは「Love you forever」
- 親子なら「いつもありがとう」　など。

女性から男性に告白するのはハシタナイ、といわれていた時代、バレンタインはとても貴重な日でした。

花束

花言葉（→p104）に合ったものや、誕生花はいかが。花束を持って帰るのは照れくさい、という人には宅配を使ったり、カードに花の絵を描いて渡したり。

賢い贈り方3か条

1. 相手の好みをできるだけリサーチする。
2. 手作りする人は、何度か作りなれて練習したものを。一夜漬けは失敗のモト。
3. 渡す箱やラッピングにも自分らしさをプラス。カードは必ず添えて気持ちを言葉にする。

真っ赤なパッケージに金色のリボンをかけて渡すと恋がかなうなど、おまじないがいろいろ。

かんたんチャレンジ

リボンレッスン

お店で包んでもらえるパッケージは、
リボンがなくてシールだけだったりしてちょっと哀しい。
雑貨屋さんでリボンを買ってきて結んでみると、見違えます！

縦結びにならないダブルリボンの結び方

1 下側が長くなるよう、1回結ぶ。

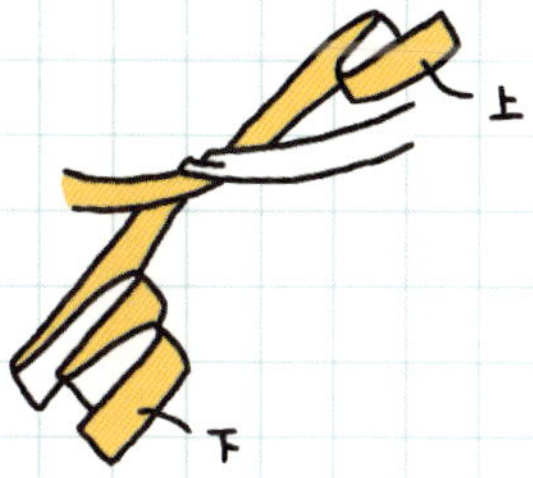

2 下側のリボンを折って輪を3つ作る。

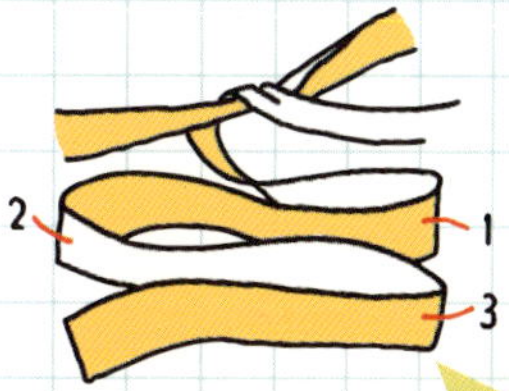

3 上側のリボンで中心を巻く。

4 向かって右奥と左手前の輪を引っぱって、蝶をふっくらと広げる。

コツのコツ
幅2cm以上の太めのリボンを使うとゴージャス！　あればリバーシブルのリボンを使って

素材でも変わる、リボンの印象

麻ひも…素焼きの陶器など、素朴な品を包むのにぴったり。

柄もの…中のプレゼントの柄と合わせたり、相手の好きな柄にするとおしゃれ。

オーガンジー系…ふわっとした印象。花束によく似合う。

ドライヤーなどであたためたペンですそを巻くと、かわいいカールに。

恋にまつわる言いつたえとまじない

- 将来結ばれる相手とは、小指と小指が見えない赤い糸でつながっている。（中国）
- 夜12時ぴったりに鏡を見ると、将来の結婚相手がうつっている。（出所不詳）
- 満月の晩にお風呂に入り髪をていねいに洗うと恋がかなう。（イタリア）
- 白い鳥が屋根の上に止まったら、その鳥は愛の使いなので飛びたつまで静かに見守る。その後、片想いの相手に手紙を書くと返事がくる。（フランス）

かんたんチャレンジ

チョコレートケーキ

卵を泡立てないで作る、しっとりやわらかいチョコケーキ。
シンプルなケーキなので、いろいろアレンジしてみて。

材料（直径12㎝のホールケーキ1台分）

- チョコレート…100g
- 生クリーム…100cc
- マジパン…60g
- 卵黄…4コ
- 砂糖…大さじ2
- バター…40g
- リキュール（コアントローなど）…小さじ2
- 重曹…小さじ1
- アーモンドの粉…大さじ4

1 ボウルに卵黄と砂糖を入れてすり合わせる。別のボウルでマジパンをリキュールでのばした中に2〜3回に分けて入れる。

2 湯せんで溶かしたチョコレートを、別のボウルに入れ、生クリームと、常温でやわらかくしたバターを加える。

3 1に2を加え、ゴムべらで練る。生地がやわらかくなってきたら、アーモンドの粉と重曹を加える。

コツのコツ
大人向けにはコショウを入れると味がしまります

4 焼き型に紙を敷き、3の生地を流しいれる。

5 160〜170度のオーブンで40〜50分ほど焼いてできあがり。上に粉砂糖をふる。

【バレンタインデーの由来】

舞台は3世紀のローマ。ローマ帝国の皇帝は、戦う気がなくなるからと、兵士の結婚を禁じていました。イタリア人のバレンチノ*司祭は、恋に落ちた兵士と娘たちをひそかに結婚させてあげます。皇帝は怒り、司祭にキリスト教を捨てるように迫りますが、司祭は聞きいれず、処刑されました。その後、勢力を増したキリスト教により司祭は殉教者《じゅんきょうしゃ》と認められ、処刑日の2月14日が「愛の日」と定められたのです。

かんたんチャレンジ

チョコフォンデュ

出はじめのイチゴや、バナナやオレンジをチョコでくるんでパクリ。
ケーキよりかんたんで、家族でわいわいつつくのも楽しい。
お菓子作りビギナーにはこちらをおすすめ！

材料（4人分）

市販の板チョコ…2～3枚
いちご、バナナ、パイナップル、
キウイなど好きなくだもの
マシュマロや小さく切った食パン
好みで牛乳や生クリーム

コツのコツ

チョコは沸とうさせないこと。温度が高めなら甘く、低めならビターな味わい

1 材料を食べやすい大きさに切る。

2 チョコを細かく砕いて耐熱性の器に入れ、沸とう直前の湯せんに入れて溶かす。

3 チョコが溶けたら、好みで牛乳や生クリームを入れる。

4 火からおろし、フォークに材料を刺してチョコでくるんでいただく。

世界バレンタイン事情

● 韓国　女性→男性　チョコをプレゼント。バレンタインデーもホワイトデーも縁のなかった男性には、ひと月後の4月14日に黒ずくめの格好でジャージャー麺を食べる「ブラックデー」がある。

● 中国　男性→女性　花束を贈る。

● イタリア　女性⇄男性　カードや花、アクセサリーが定番。

● アメリカ　家族、友達、恋人どうしなどでキャンデーや花やカードを贈りあう。

風邪は万病のもと？ふせぐコツ、治す秘訣

受験シーズン到来！　大事なときに風邪はひきたくないですね。予防法とひきはじめの治し方を知っておきましょう。

風邪ってナニ？

風邪を引きおこすのはウイルス。人や動物、植物を媒介して増殖します。種類が多く、環境によって変異《へんい》するので抗体《こうたい》ができず、人は繰りかえし風邪をひくことになります。

ほんと？　風邪にまつわる言いつたえ

×風邪はうつすと治る／風邪ウイルスの潜伏期間は1～3日。インフルエンザ以外なら、発病しても数日で治るのがふつう。治ったころ、うつされた人にセキや鼻水などの初期症状があらわれるため、「うつすと治る」といわれるようになりました。正確には「うつしたころ治る」だけ。風邪でお休みするのは、周囲の人への配慮でもあるのです。

△風邪は万病のもと／体力が落ちているときは、肺炎など重大な病気を併発《へいはつ》することはあります。また、セキや鼻づまりなど、風邪と似た症状を示す他の病気も。治りにくいと感じたら、早めに受診を。

○お茶でうがいすると風邪予防に／これは本当。緑茶に含まれるカテキンは風邪ウイルスの撃退に効果てきめん。ふだん飲むときより2～3倍に薄め、ぬるま湯程度の温度にして、真上を向き、お茶がよく吸収されるようにうがいします。古くなったお茶や、いちど淹《い》れたお茶を使うと経済的。

風邪予防の知恵袋

のどのいたみに／しその葉、しょうが、青ネギをみじん切りにしてコップに入れる。熱湯をそそいで飲む。

発汗には梅焼き／発熱や発汗はウイルスと体が戦っているしるし。梅干し2～3コをよく焼いて、熱いお茶をそそいで飲むと、汗がじわりと出て早く治ります。

セキ止めに／大根を乱切りにして密閉容器に入れ、上からハチミツを、大根の量の1割ほどかける。のどがいがらっぽくなったら、大根をかじったり、汁を飲んだり。自然な甘さなのでおやつにもおすすめ。

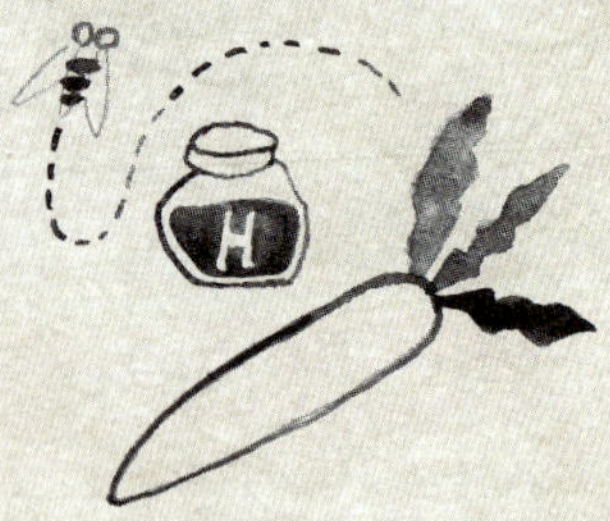

三月

弥生◆やよい

いちだんと生い茂る月。花も草も

うららかな
毎日が
つづきます。

三月三日

桃の節句《もものせっく》

「ひな祭り」「上巳(じょうし)の節句」ともいいます。ひな人形を飾って女の子のすこやかな成長を祝います。江戸時代から日本各地に伝わりました。

女の子のお祝い

菱《ひし》もち

この日にぜひ食べたいもち菓子。いちばん下の草もちには厄除(やくよ)けの力があるよもぎ、真ん中の白もちには血圧を下げる菱(ひし)の実、上の赤もちには解毒作用のある赤いクチナシが入っています。色と形と素材すべてに、すこやかな女の子に育ってほしいという願いがこめられています。

ひなあられ

もち米をあぶった干菓子。昔、野山でひな遊びを楽しむときに携帯食料として持っていったのが始まり。あぶるときによくはぜると吉、あまりはぜないと凶とされます(作り方→p42)。

白酒《しろざけ》、桃花酒《とうかしゅ》

桃の節句では、飲むと邪気をはらうとされるお酒をおひな様と一緒にいただきます。

3月の初もの、旬のもの、縁起のよいものをおひな様の前に供えましょう。

ひなのいにしえ 1

[中国で起こる]

古代中国(300年頃)で、水ぬるむ3月に川辺で口をすすぎ、体を洗い浄めて厄払いする行事「上巳節《じょうしのせつ》」が起こる。上巳とは旧暦3月の最初の巳の日のこと。

[日本に伝わる] (600年頃)

中国に渡った*遣唐使《けんとうし》たちが日本に「上巳節」などの中国文化を持ち帰る。日本人は、紙や草で人の形を作って体を撫《な》で、ケガレを移してから川や海に流す神事《しんじ》に変える。

命がけの留学がなければ、「ひな祭り」はなかった？

ひな遊びいろいろ

平安時代ごろから始まったひな遊びには、子どもの厄をはらい、一年をつつがなく過ごせますようにという願いがこめられています。

ひなの国見せ

春のごちそうやお菓子はおひな様と。3月3日には女の子たちが野山や磯に出かけ、お弁当を広げてひな遊びをしました。おひな様に春の景色を見せてあげるためです。現代でもできそうですね。

流しびな

紙で作ったひな人形(作り方→p43)に菱もちや桃の小枝を添えて、川や海に流します。水に流すことで、体や心をきれいにするという意味がありました。

ひな人形の昔

形代《かたしろ》

縄文時代から使われていたとされる、草や木で作った人形(ひとがた)。

天児《あまがつ》

竹と布で作り、魔除けとして子どもの枕もとに置いた。

這子《ほうこ》

室町時代前はハイハイの形に似せた、綿人形が登場。

［3月3日に制定］（700年頃）
上巳の行事は年によって日付が変わらないほうがよいということで、3月3日に定まる。

［ひな遊びが始まる］（700～1000年頃）
平安時代ころから宮中や貴族の子女の間で紙の人形で遊ぶままごとが盛んになる。大きなものを小さくする、小さくかわいらしいという意味の雛の字にあて、「ひいな遊び」「ひな遊び」といわれるようになる。この遊びが「上巳節」と結びつく。

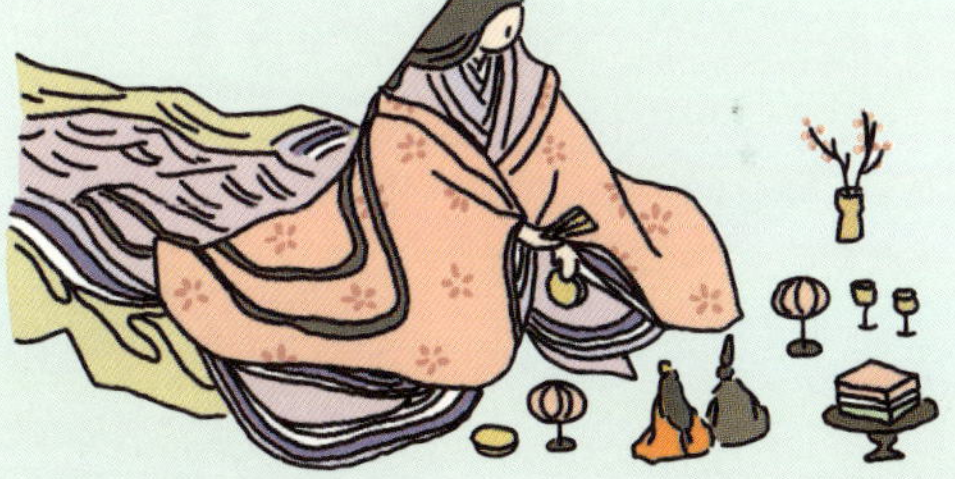

『源氏物語』には、光源氏と暮らす紫の上がひな遊びをしようとしてたしなめられるシーンが登場。

かんたんチャレンジ

ひなあられ

関東風なら甘く小さな米粒大でサクサク、
関西風ならしょう油や塩味のおかき風。
残ったごはんでかんたんにできる、関東風はいかが。

材料

残りごはん…茶碗2杯
砂糖…大さじ4
水…大さじ1
食紅（赤・緑）…適宜

1 残りごはんをざるに入れて、水でさっと洗い流してから、かちかちに乾くまで2〜3日天日で干す。

2 乾いたら、うっすらきつね色になるまで油で揚げ、3等分しておく。

コツのコツ
くっつきやすいので少しずつ入れます

3 衣（ころも）を作る。耐熱ボウルに砂糖と水を混ぜ、レンジで1分ほど加熱して砂糖を溶かす。

コツのコツ
あたたかいうちにからめたいので3→4は手早く

4 3を1／3ずつに分けて、赤の食紅を混ぜたもの、緑の食紅を混ぜたもの、何も混ぜていないものの3色の衣を作る。2にそれぞれからめる。

5 ざるにのせて乾かすか、お皿に並べて電子レンジで1分半〜2分加熱し乾燥させる。

かんたんチャレンジ

折り紙のおひな様

ハサミを使わない、子どもでもかんたんに作れるおひな様です。
おびなとめびなで色を変えたり、和紙や千代紙を使ったりして楽しんで。

用意するもの

折り紙…2枚（おびな用とめびな用）

1 折り紙を三角に折る。

2 左右を中央で合わせる。

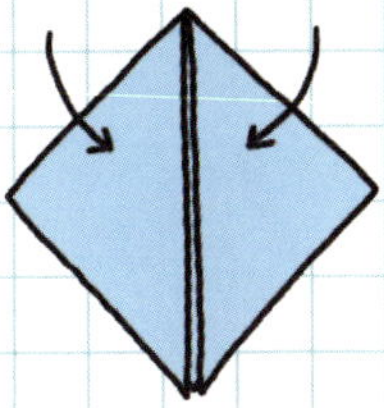

3 下を上に折りあげる。

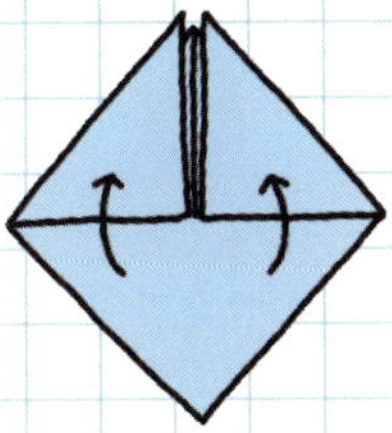

4 左右を内側に開いてつぶす。

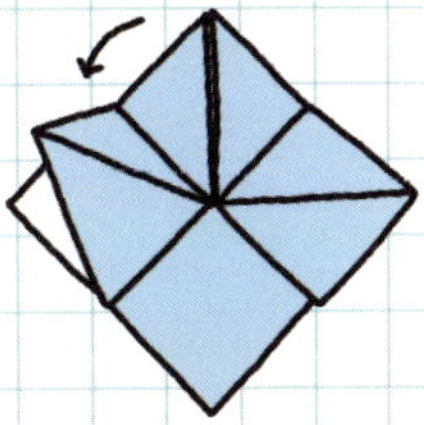

5 上の角を後ろへ折る。

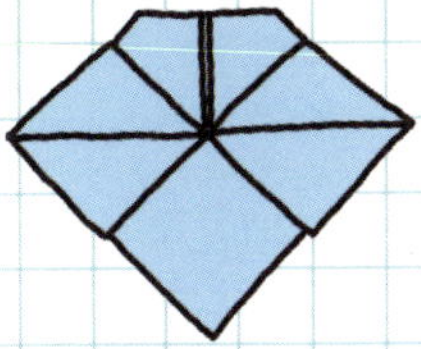

6 裏返し、少し残して折りあげる。

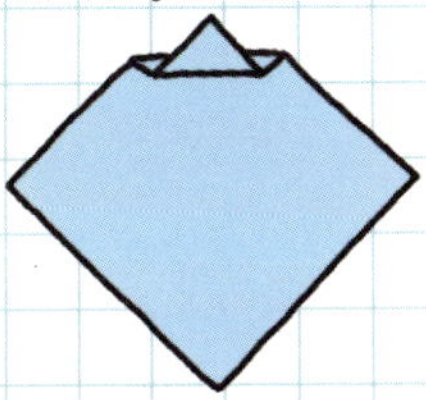

7 表に返し、下の角を後ろへ折る。

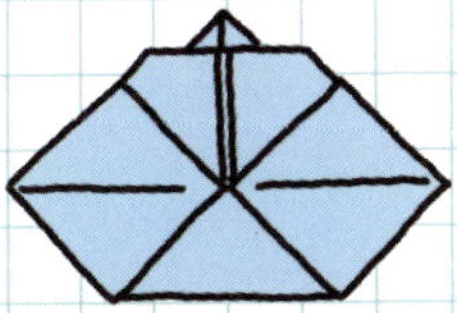

コツのコツ

折り目は指でしっかり押さえるときれい

めびなの折り方

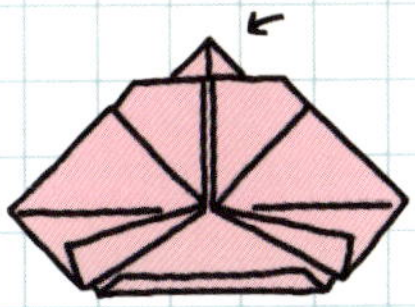

めびなはおびなの7で左右のひし型を少し上に折りあげ→おびなの頭の尖ったところを裏に折り込み→下の角も前へ2回折る。

注

今は折り紙を川に流すと環境上、問題になることも。流しびなにしたいときは、いったん水に流したあとすくいあげ、社寺でお焚き上げしてもらいましょう。

はれやか ひな飾り

おひな様は壇飾りにしなければいけないということはありません。平安時代の貴族の少女たちがしたように、お部屋に広げてままごと遊びをしてOKです。

内裏《だいり》びな

向かって左がおびな、右がめびな、一対で内裏びな。関西では左右逆に置くところもある。

ぼんぼり

灯(あか)りが「ほんのり」ともるから、「ぼんぼり」というようになったという説あり。

三方《さんぽう》

神様へのお供え物をのせる台。折敷(おしき)と穴があいた台(胴)とで成り立っている。

御所車《ごしょぐるま》

移動のときに乗る車。高貴な人は徒(かち＝歩くこと)ではない。

随身《ずいじん》

弓矢をつがえて宮廷を警護する。

桜

ひなのいにしえ ②

［「流す」から「飾る」へ］（１０００～１６００年頃）

人形作りの技術が発達し、上等なものは川に流さず家で大切に飾るように。

［初のひな祭り］（１６２９年）

京都御所で盛大なひな祭りが催される。天皇家が自分の娘のために開いたとされる。これで一気にひな祭りがブームに。江戸幕府の大奥でも開かれるようになる。

［幕府が制定］（１７００～１８００年頃）

江戸幕府が五節句（→p84）を制定。3月3日を桃の節句と定める。贅《ぜい》の限りを尽くしたひな人形や壇飾りが作られ、自慢のひな人形を見せあう「ひな合わせ」や、ごちそうを持って親戚を訪ねる「ひなの使い」が流行する。

［民間に伝わる］（１８００年～）

町民が豊かになると、ひな祭りは町をあげての楽しい行事となって、美しいひな人形を持つことは町娘の夢となった。

壇飾りにする場合は……

1段目	内裏びな
2段目	三人官女
3段目	五人囃
4段目	随身
5段目	三仕丁
6〜7段目	重箱、御所車などの調度品

1、3、5、7と、吉数にするのが決まり。もっとも晴れやかなのは7段飾り。基本は上のとおりですが、地域によってもさまざまです。

たちばな

几帳《きちょう》

風よけや身を隠すのに使われたついたて。

屏風《びょうぶ》

行事に合った絵を描いたついたて。装飾と間仕切りを兼ねる。

五人囃《ごにんばやし》

能の演奏をする人たち。笛、太鼓、小鼓（こつづみ）、大鼓（おおかわ）、謡（うたい）。よく見るとみんな顔の表情が違う。

三人官女《さんにんかんじょ》

内裏びなに仕える女官。昔はお嫁に行くと眉を剃（そ）ったので、眉のない宮女は人妻のしるし。

三仕丁《さんじちょう》

宮中の雑用係。15人のおひな様のなかではいちばん庶民的な人たち。傘や沓台（とうだい）、熊手を持ち、笑い顔、泣き顔、怒り顔をしている。

重箱《じゅうばこ》

食べ物やお菓子を重ねて盛る器。

ひな納《おさ》め

3月3日を過ぎても飾っていると娘が縁遠くなるという言いつたえがあります。残念ですが、翌日には片付けましょう。来年もきれいなままでいられるようホコリを払ってから、薄紙にそっと包んで箱の中へ。防虫剤は控えめに。

ひな飾りがどんどん華美になり、等身大の人形も登場。庶民の贅沢を警戒する江戸幕府は、人形の大きさは24cm以下とした。

かんたんチャレンジ

五目《ごもく》ちらしずし

食卓に花が咲いたようなちらしずしを作ってみましょう。
3月に旬を迎える三つ葉をのせて。

材料

米…4カップ
干ししいたけ…8枚
にんじん…2本
れんこん…1本
卵…2コ
三つ葉、いくら…適量

調味料
自家製すし酢(作り方→p102)または
市販のすし酢…大さじ6
しょう油…大さじ3
酒…大さじ2
みりん…大さじ4
砂糖…大さじ2~3
塩(錦糸卵用)…少々

1 心もち水を少なめに炊いた米にすし酢を合わせてパラッと混ぜて、冷ましておく。

2 干ししいたけは水2カップ(分量外)で戻し、薄切りに。にんじん、れんこんは薄いいちょう切りにし、れんこんは酢を少々加えた水に5分さらす。

3 しいたけの戻し汁に分量のしょう油、酒、みりん、砂糖を加えたもので、2の材料を、汁気がほとんどなくなるまで煮る。

4 卵に塩少々を混ぜて薄く焼き、錦糸卵を作る(甘い卵にしたいときは砂糖をプラス)。冷めたら細切りに。

5 3をすし飯に混ぜ、錦糸卵、三つ葉、いくらを彩りよく散らしてできあがり。

コツのコツ
しいたけはゆっくり戻したほうがおいしいので、できれば前の晩から水につけておく

かんたんチャレンジ

はまぐりの潮汁《うしおじる》

はまぐりは対（つい）の貝殻としか合わないことから、
よい結婚相手と結ばれることを象徴。開いた貝に2つの身をのせ、
将来の幸せを祈っていただきます。

材料（4人分）

- はまぐり…16コ
- かまぼこ（紅）…適宜
- 菜の花…8本
- 塩、薄口しょう油…各小さじ1
- 昆布…10cm角

1 はまぐりは洗った後、水1カップに塩小さじ1強の割合の薄い塩水（分量外）につけて3〜4時間ほど暗い所に置き、砂出しする。

2 鍋にはまぐりと水4カップ、昆布を入れて弱火にかけ、沸とう直前に昆布を取りだす。貝も口が開いたら火を止め、すぐに取りだす。

3 2の煮汁をこして塩と薄口しょう油を加え、ひと煮立ちさせる。

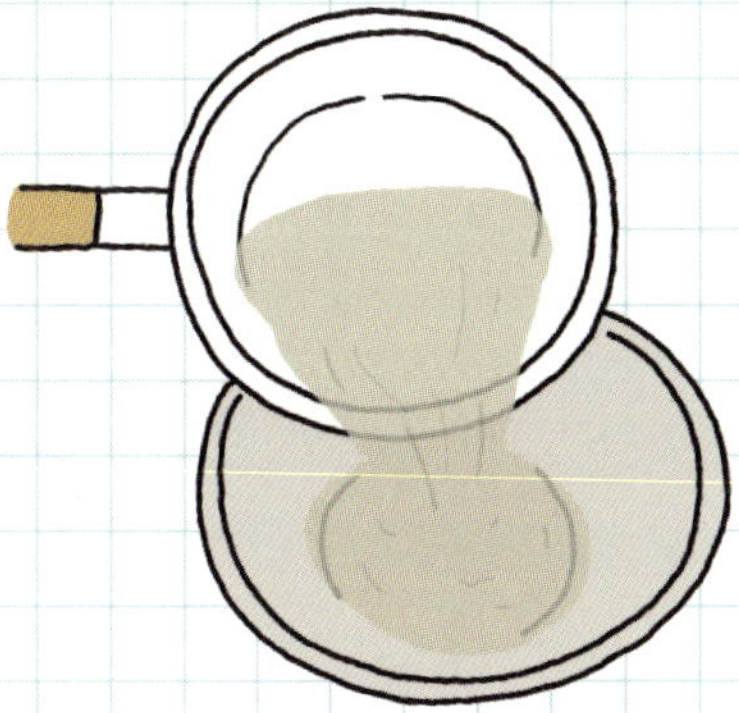

4 貝の身を8コ取り、残りの8コの空いている殻にのせて椀に入れる。さらにさっとゆでた菜の花、飾り切りしたかまぼこを椀に彩りよく盛り、3の汁をそそぐ。

はまぐりは打ち鳴らしたとき、音が高く響くものが新鮮

三月六日ごろ

啓蟄《けいちつ》

地域によっては4月くらいの陽気にもなるこのころ、梅の花が咲きほころび、ウグイスが鳴くこともあります。やっとめぐってきた春に会いに、梅見に出かけてみませんか。

梅見に行こう！

いつ咲く？

春の百花（ひゃっか）に先がけて咲く花。江戸時代に徳川斉昭（とくがわなりあき）の造園した水戸（茨城県）の偕楽園（かいらくえん）は3月上旬、梅干で有名な紀州（和歌山県）の田辺梅林は2月下旬など、地域によって差があります。

「花も実もある」という言葉は、梅から来たという説も。花も美しくて実もおいしいというわけ。

どこに咲く？

梅の名所といえば*太宰府天満宮（だざいふてんまんぐう）や北野天満宮が知られています。天満宮にまつられている天神（てんじん）様、菅原道真（すがわらみちざね）が無類の梅好きだったから。地元の○○天満宮をチェック！

左遷された菅原道真を追って梅が飛んでいった「*飛梅（とびうめ）伝説」はあまりにも有名。

啓蟄の意味

二十四節気のひとつで、正確には春分（→p52）までの2週間のこと。啓は「ひらく」、蟄は「土中で冬ごもりしている虫」、文字どおり土中で冬眠していた蛙や蛇が出てくることです。天気のいい日ばかりとはかぎらないので、「梅の花が下向きに咲く年は雷が多い」（大和、奈良地方）といった言いつたえとともに恐れられてもいた時季のようです。

三月十四日

ホワイトデー

ほわいとでー

お返しの日

3世紀のローマで恋愛結婚の禁止令に触れた男女がバレンチノ司祭(→p36)に救われたのち、永遠の愛を誓いあった日。欧米では、「クッキーデー」「マシュマロデー」などと呼ばれて、恋人どうしが単純に贈り物をしあう日です。

マシュマロ

卵白を泡立てて作るふわふわのお菓子。そのまま食べるのもよいけれど、あたたかいコーヒーやココアに浮かべたり、サラダに入れたりしてもおいしい。

クッキー、キャンデー

今はマシュマロよりクッキーやキャンデーを贈るのが主流。高価な菓子でなくとも、箱や袋にキャンデーやクッキーを好きに詰め、ラッピングして贈るだけで楽しい。

100円〜200円台で買える日本の飴菓子は、そのナチュラルな甘さで国際的に高い評価。包み紙や箱もかわいい！

花

3月は花の咲きどき。欧米では「フラワーデー」として花を贈ることも多いそうです。

友達どうし、花を贈る日にしてもいいね！

まめ知識

意外と日本的なホワイトデー。バレンタインの「お返し」まできっちり定めているのは、世界広しといえども日本だけ！ 贈り物をもらったらお返しをするという習慣は、日本独特のもの。出産祝いのお返しはお宮参り(→p190)の前後など、時期や金額まで決まっています。一般にお返しは半返し*ですが、バレンタインは外国の習慣なので、自分の予算のなかでお返しを。

三月十五日ごろ

卒業式《そつぎょうしき》

3月半ばから下旬にかけて、全国の学校で卒業式が行われます。短い春休みを過ごしたのち、いっせいに新たなスタートを切ります。

うれしかなしき卒業式

歌

卒業式の歌といえば「ほたるの光」や「仰げば尊し」が有名ですが、近年は、埼玉の中学の校長先生と音楽の先生たちが作曲した「旅立ちの日に」が人気。それでも、高校から「仰げば尊し」が復活。「仰げば尊し」を「昔の歌だから」とやめていた学校に対し、生徒側から働きかけて歌うようにした例もあります。

【まめ知識】

別れのときに手を振るのは、日本では着物の袖が振れることから、「魂の納《おさ》まるところが振れる」という意味をあらわし、*来世でも出会えるかもしれないおめでたいこととされていました。卒業式の日には、心をこめて手を振りましょう。

仰げば尊し　わが師の恩
教えの庭にも　はや幾年（いくとせ）
思えばいと疾（と）し　このとしつき
今こそ別れめ　いざさらば

「いととし」を「いとしい」と勘違いしている人も多いはず。実は「なんて早かったこの年月」という意味だったんですね。

卒業のよそおい

小学校

小学生は周りの視線が気になる年ごろ、浮かないためには「あなたは何を着るの？」というリサーチが大切。お母さんは子どもが喜ぶよそおいをしてあげるのが一番。……お父さんはスーツでいいので楽。

着物もおすすめ。春らしく明るい柄の訪問着や付下げなど。付下げは、訪問着よりも柄が控えめなので子どもが主役の集まりにはぴったり。「平服で」と断りのあるパーティにも着て行けます。

学生服の学校では、女の子は好きな男の子から第２ボタンをもらって初恋の記念にする習慣があります。ブレザーの制服なら、ネクタイをもらうのも人気。

中学・高校

落ち着いた色合いのシックなスーツが中心です。スカーフやコサージュで春らしさを。和服にくらべると洋装は温度調節がしにくいので、ひざ掛けやカイロを持って行くと安心です。

大学

卒業式の晴れ着として定着している袴（はかま）を女学生が履きはじめたのは、明治時代から。華族女学校が、かつて御所の女官（にょかん）たちが着用していた海老茶袴（えびちゃばかま）を制服にしたのが始まりです。

三月二十一日ごろ

春分《しゅんぶん》

昼と夜の長さがほぼ等しくなる日。きょうを境に昼のほうが夜より少しずつ長くなっていきます。春分の日を中日（ちゅうにち）とした前後3日、計7日間を彼岸（ひがん）といい、最初の日を彼岸の入り、最後の日を彼岸の明けと呼んでいます。

この世とあの世

春分と秋分

昼夜の長さがほぼ同じになる日は春分と秋分（９月23日ごろ）の年に２度。この時期、太陽は真東から昇り真西に沈みます。仏教では先祖のいる極楽は西にあると考えられていました。真西に陽が沈む日が極楽にもっとも通じやすいとして、お墓参りをしたり、お寺でお経をあげたりして先祖の霊を供養（くよう）します。

春分の日、昼の12時に影の長さを観察。明日から影はだんだん短くなります。秋分なら逆にだんだん長く。

おはぎとぼたもち

お供え物の定番といえばおはぎとぼたもち。ぼたもちは春に牡丹（ぼたん）が咲くからそう呼ばれ、おはぎは萩の咲く秋分にお供えするから「はぎ」、それに宮言葉風に「お」をつけて呼んでいるもので、ほとんど同じもの。一般的に、ぼたもちはこしあん、おはぎは粒あんで作ります。（作り方→ p 55）

まめ知識

極楽にいるというご先祖様は毎日何を考えているのでしょうか。実は「何も考えていない」。彼岸に逝《い》った先祖は「人はなぜ生きるのか」「死んだらどうなるのか」といった、教科書には書いていない人生の大命題の答えをもう「知っている」ので、何も考えなくてよいのです。この状態を「悟り」と呼びます。いっぽう、迷いや悩みや煩悩《ぼんのう》に惑わされているのが私たち。こちら側は此《し》岸《がん》といいます。此岸にいる人間が彼岸に近づく方法のひとつとして、お墓参りや読経《どきょう》があるのです。

お墓参りのお作法

お葬式と違って、墓参りに厳しいルールはありません。動きやすい服装で、家族そろって仲良く出かけられればそれがいちばん。

お参り

1　花立てに花を飾り、お供え物は二つ折りの半紙の上にのせる。

2　束のまま火をつけた線香をあげる。炎は手であおいで消す。口で吹き消すのはケガレ(→p212)があるのでタブー。

3　故人に縁の深い順から、線香の火を消さないよう注意して手桶の水を墓石にかける。

4　あれば数珠を持ち、ひとりずつ手を合わせて拝む。

左手にかけ、親指を輪の外に出して合掌(宗派によって多少異なる)。

帰るときのマナー

線香は燃やしきるようにし、花以外の供物(くもつ)は持ち帰る。

まずはあいさつから

お寺の住職や霊園の管理事務所にあいさつ。外箒(そとぼうき)など必要なものを借りて、手桶に水をくむ。

墓を清める

1　墓石に水をかけて苔(こけ)やホコリを落とす。

2　墓地内の雑草や落ち葉を取りのぞく。花立てや香炉(こうろ)のごみを掃除し、水鉢もタワシで磨く。

お部屋にメモリアルコーナー

仏壇がなくても、お墓参りに行けなくても、お彼岸はできます。
春分を機会にメモリアルコーナーを作ってみてはいかが。

花

造花やトゲのある花や香りの強すぎる花、首から落ちるツバキは避ける。

場所

居間など家族が集まるところの、タンスやサイドボードの上などがよい。真北、直射日光、湿気の多いところ、車の騒音が入ってくる部屋はできれば避ける。

花立て

花に合う花瓶を。
カップでもOK！

思い出グッズ

紙か布、きれいなお盆を置き、故人の写真や思い出の品を飾る。

灯明《とうみょう》

火を灯すのは、暗闇にひそむよくないものをはらうという意味がある。小さな子がいる家などで、火を灯すのが危なければ省略しても可。

お香《こう》

線香でなくてもＯＫ。故人の好きだった香りなど思い出にちなんだものを。短い時間ならコーン型のお香、長時間くゆらせたいならうず巻き型が便利。

供物《くもつ》

刺身や肉類は避ける。故人の好きだったものを供えてあげるのも、喜ばれそう。

香立て

火をつけていなくても香るものも。デザインはバラエティ豊か。

メモリアルコーナーに手を合わせて故人とお話してみます。自分の悩みが見えてきたり元気が湧いてきたりします。衝動買いやヤケ食いでストレス解消するより断然オススメ。

かんたんチャレンジ

3色ぼたもち

ぼたもちはぽってり甘く、きなこもちはとろけるよう。
ごまもちは口の中でごまがハジける。異なる味わいを楽しみに作りましょう。
ごはんのあたたかさがうれしい、手作りぼたもち。

材料（12個分）

もち米…1カップ
うるち米…1／2カップ
水…1.5カップ
ゆであずき…400g
［きなこ…大さじ6
 砂糖…大さじ6
金ごま
または黒ごま…大さじ6
塩…適宜
（甘みを引きたてるため少々）

1 もち米とうるち米を合わせてとぎ、水（分量外）と塩を入れて混ぜ、ひと晩水につけておく。1.5カップの水で炊く。炊きあがったら、すり鉢に入れてすりこぎでギュッギュッ！とつく。

コツのコツ
やわらかめが好きな人はもち米を多めに、歯ごたえが欲しい人はうるち米を多めにして

2 1にぬれぶきんをかぶせ、表面が乾かないように冷ます。その間にあんを作る。ゆであずきと塩少々を鍋に入れ、ぽってりとつやが出てくるまでへらでかき混ぜてから冷ます。

3 あんをふきんでこして、こしあんにする（おはぎなら省略）。きなこと砂糖、塩少々を混ぜあわせる。ごまは炒って冷ましておく。

4 手に塩水をつけて、2のごはんを12等分にし小判型にととのえる。

5 ぼたもち、きなこもち、ごまもちを4コずつ作る。ぼたもちは2のごはんをあんでくるむ。きなこもち、ごまもちは直径3cmくらいのあん玉を作り、それをごはんでくるんでからきなこ（4コ分）、ごま（4コ分）をまぶす。

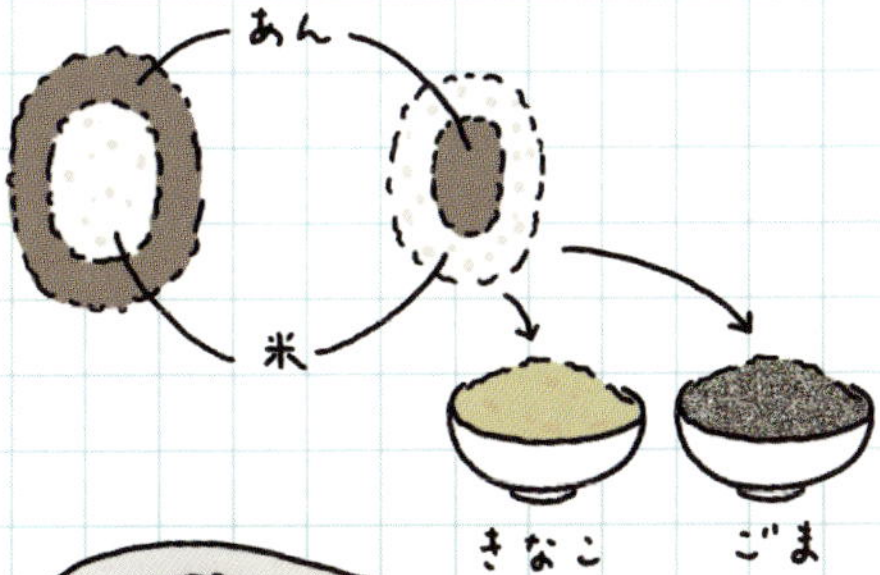

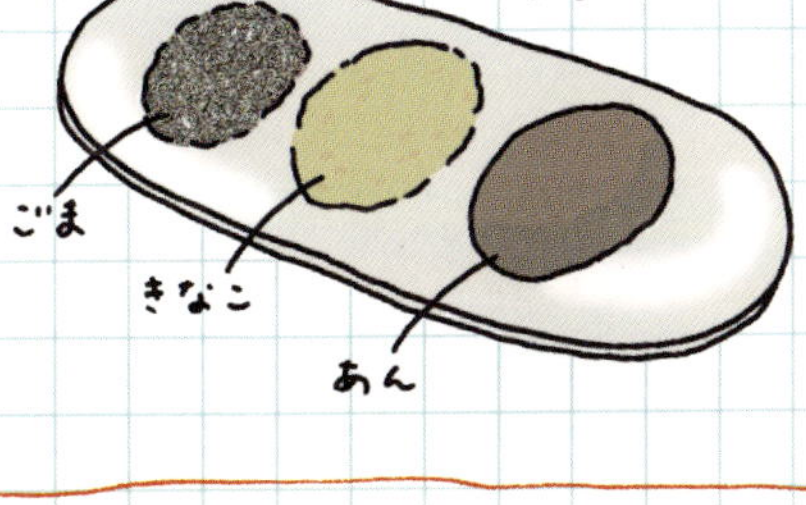

三月二十二日～
四月二十五日

春！春！春！

復活祭《ふっかつさい》

イエス・キリストの復活を祝い、春の訪れを喜ぶ、キリスト教圏ではもっとも華やかなお祭りです。「イースター」ともいい、春分の日の次の満月の、すぐ後に訪れる日曜日に行います。ゲームやイースターエッグ作りで楽しんでみませんか。

イースターゲーム

エッグレース

卵をスプーンにのせたまま、落とさないように一着を競う。

エッグロール

殻を割らないようにして坂や丘の上から卵を転がす遊び。

フォークダンス

その国の民族衣装をまとった人たちが春の訪れを祝って街角や広場で踊ります。見ている人たちが一緒に踊りだすことも。

キリスト復活劇

十字架に磔（はりつけ）にされたイエス・キリストは処刑３日後に復活。弟子たちが墓を掘るとそこは空っぽ、没したはずのキリストが弟子たちの前にあらわれるという伝承劇が、聖堂や学校で上演されます。日本でも、英語劇の定番のひとつ。

卵・玉子・たまご

多産のうさぎは卵と並んで、
復活祭のシンボル。

イースターエッグ

イースターエッグとは殻に彩色したゆで卵や、チョコレートで作った飾り卵などのこと。命を生みだすもののシンボルとして、復活祭には欠かせないものとなりました（作り方→p59）。

ちなみに西洋ではニワトリは王侯貴族しか飼えない貴重な鳥だったため、富の象徴でもありました。宝石をちりばめたイースターエッグが、続々作られた時代もあります。

エッグハント

お菓子の詰まった卵形の箱や卵を大人が庭などに隠し、子どもたちがさがす。大人気の遊び。

イースターバスケット

もともとイースターはキリスト復活とは関係なく、北欧の土着の春祭りでした。それがキリストが復活した日と結びついて、復活祭の別名となったよう。中世ごろまでは復活のシンボルである卵を恋人どうしなどで交換。今は、イースターエッグやお菓子を詰めたバスケットを子どもたちに配ったり、プレゼントしあったりしています。

【まめ知識】

巨大なモアイ像が世界七不思議のひとつに数えられているイースタ」島は、キャプテン・クックが島を発見した日が復活祭の日だったことから、その名がつきました。ちなみに「イースター」の語源は北欧神話に登場する、春の女神エオストレ（Eostre）。春の女神は太陽とともにやってくるので、太陽が昇る東をイースト（East）ともいうわけです。

卵のことわざと慣用句

- おとなしく、いい子にしていると、復活祭の夜にうさぎが卵を持ってくる。
- **卵に目鼻**　色白美人のたとえ。
- **金の卵**　将来を見込まれた人のこと。

復活祭のお菓子

復活祭の由来は子どもたちにはまだ少し難しそう。まずはイースターにまつわる食べ物やゲームを楽しみ、少し成長してからくわしい話をしてあげるのが、キリスト教圏の大人たちの考え方のよう。日本のお正月と似てる？

ホットクロスバンズ

イギリス

イースターが近づくと、街中のパン屋に並ぶ。シナモンとはちみつをたっぷりかけて食べる。クロスは十字架を象徴。マザーグースの歌にも出てくるお菓子。

ニ・ド・パック

フランス、ベルギー

「復活祭の鳥の巣」という意味。焼いたココナッツをスポンジにはりつけ、鳥の巣に見立てる。羊料理のデザートに食べる、大人のお菓子。

羊型ビスケット

フランス、イタリア

羊は神にささげる生贄（いけにえ）ということから、羊の形をしたビスケットを焼く。フランスのアルザス地方に古くから伝わるお菓子。

卵型チョコレート

各国

卵形のチョコレートをかじると、中からおまけが……！　指先ほどの小ささなのに、パーツが動く人形や車など、作りがとても精巧。コレクションマニアがいるほどの人気。

【復活祭の由来】

死んだ人がなぜ生きかえったの？

それはイエス・キリストが人間の罪をかわりに背負って死んだから。ここでいう罪とは、人が誰しも持っている業《ごう》のようなもの。欲望や嫉妬《しっと》、自分だけいい思いをしたいというわがまま……それらの「罪」を洗い流してくれるため、身代わりになって昇天《しょうてん》したというのが、キリストの死への解釈です。そのことへの感謝を忘れないよう、そして人は生まれながらに罪を背負っているのだということを忘れないよう、私たちの前に永遠の姿となってあらわれたのだと、復活祭を祝う人々は考えています。自分が罪人《つみびと》だと認めることをお祝いする……なんて、ちょっとフクザツ？

かんたんチャレンジ

イースターエッグ

ふだん食べている卵が、不思議な雑貨になってしまうのが
イースターエッグの魅力。ずっととっておけるので、部屋に飾ったり、
友達にプレゼントしたりしてはいかが。

用意するもの
- 生卵
- キリ
- 竹串
- 木工用ボンド
- 布、色紙、千代紙、絵の具、マジック

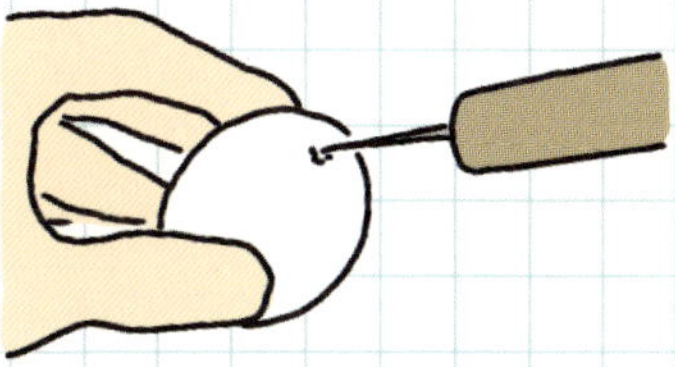

1 キリで卵の上下に小さな穴をあける。

2 穴から竹串を入れ、中身をかきまぜ、外に出して殻だけにする。残った中味は傾けながら息をふーっと吹きこむと出せる。

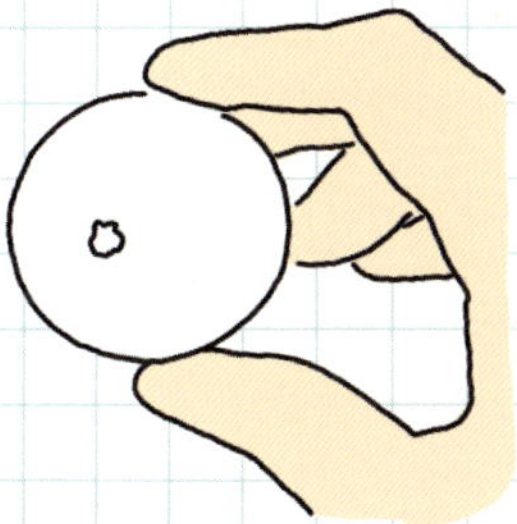

3 卵の中を水で洗い流してきれいにする。

4 紙、布を好きに切って貼りつける。絵の具やマジックで彩色もできる。

そのまま飾っても、穴に紐を通して窓辺に下げても。陽に透けると色鮮やか。

プレゼントにイースターリリーを添えてもおしゃれ。かつては聖母マリアの象徴として、マドンナリリーが栽培されていました。江戸時代に日本のテッポウユリがヨーロッパに伝わると人気を得て、復活祭の花として定着しました。

春《しゅん》眠《みん》暁《あかつき》を覚えず——春先はなぜ目ざめが悪い？

一生をおふとんの中で過ごせたらなぁ。そんなはかない夢を見てしまうころ。起きてもぼーっとし、まだ眠りの中にいるようなだるさの原因は、春になって新陳代謝が活発になり、糖質や脂質をエネルギーにかえるときに必要なビタミンB群がたくさん消費されて、ビタミン不足になるから。また、夜が長く朝暗いうちに目ざめていたときの冬の体内時計が調整できず、時差ボケのような状態にもなっています。

気持ちよく目ざめるには？

シャワーを浴びる／熱いシャワーを勢いよく出して、さっと浴びると皮膚が刺激され目がさめます。

早寝早起き／冬の夜《よ》長《なが》に遅くまで起きているクセをつけた人は、朝食をしっかり食べて、体内時計をもとに戻しましょう。夕食は軽くし、寝る前にカフェインを含むものは口にしないようにします。カフェインは「ほうじ茶→番茶→ウーロン茶→紅茶→コーヒー→玉露」の順に多くなります。

ビタミン／眠気を解消する納豆や豆腐、シジミなど、ビタミンBたっぷりの食品をとります。

眠りの不思議

正夢《まさゆめ》／夢で見たことが実際に起きること。夢うつつで行った場所に、ある日偶然、現実でも来てしまった……。そんな経験はありませんか。科学では解けない不思議のひとつです。

夢占い／日常生活では、なかなかホンネをいえないもの。心の奥底に押しこめられた願望や、隠れた本質こそ、夢になってあらわれるといいます。「占い」といっても、心理学に近い分野です。同じ「空を飛ぶ夢」でも、自由へのあこがれをあらわすという説、子どもにかえりたい願望をあらわすという説など、解釈は学者や占う人によってさまざま。

四月

卯月◆うづき

卯の花が咲くころ。卯の花月とも

また、桜の季節が
めぐってきました。

四月一日

エイプリルフール

えいぷりるふーる

人に害のない嘘（うそ）ならついてもよい日。ただし、午前中までというタイムリミットつき。かつがれたら、かつぎかえしましょう。

嘘をついてもいい日

新聞に嘘記事が発表されたこともありましたが、日本では「人騒がせだ」ということで、あまりはやらなくなりました。かわりにインターネットの個人発行の新聞などで、楽しい嘘が見られます。

【エイプリルフールの由来】

16世紀にフランスの国王が*グレゴリオ暦を採用した際、これに反対した人々が4月1日に春祭りを開いて「嘘の新年」を祝ったのが始まり。ほかインド仏教に由来するもの、古代神話にもとづくものなど諸説あります。日本へは、大正時代ごろに伝わりました。

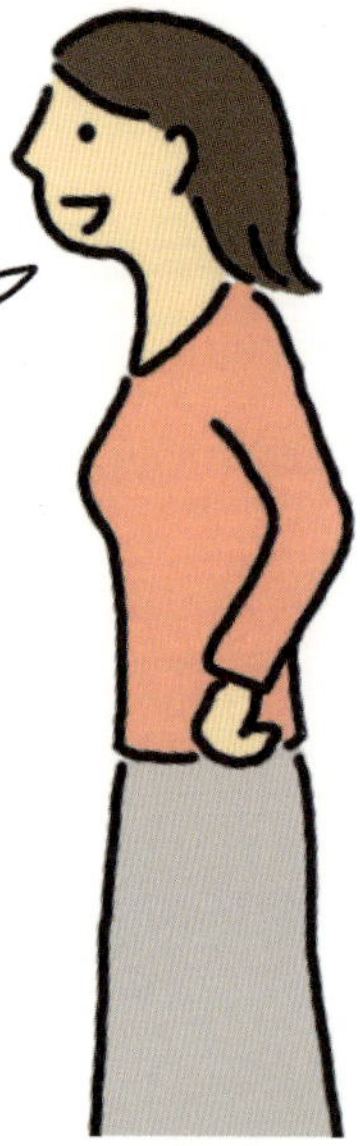

Q ふだん嘘ばかりついている人が、エイプリルフールに、「私は今まで嘘をついたことがない」といったら……？

1. その人は本当の嘘つき
2. エイプリルフールの日にかぎって本当のことをいった
3. エイプリルフールなので「嘘」をいっただけ

答え＝3　別のだまし方→ふだん嘘名人の人は、エイプリルフールの日だけ本当のことをいって、友達をケムに巻いてもおもしろい。

こんな嘘あんな嘘

今年から4月1日は国民の祝日だって
校長室の掃除をしたらおやつをもらえるんだって
冬のオリンピックの種目に雪合戦が加わるんですって

花見《はなみ》

桜前線北上中

この時期、日本列島では桜前線が日に日に北上し、南から北へ桜が咲きほころびはじめます。

桜にはたくさんの種類がありますが、気象庁の開花情報はソメイヨシノで行われます。ソメイヨシノは、江戸時代から接（つ）ぎ木で増やされてきました。気温や日照時間など同じ条件がそろって初めて咲くので、日本列島の「春のセンサー」となっています。

世の中に絶えて桜のなかりせば
春の心はのどけからまし
在原業平

世の中に桜というものがなかったなら、
さぞのどかに春をすごせるだろうになあ

花見のお供たち

花見を楽しむ4か条

一 「花より団子」で

市販のお弁当でもお重に入れなおせば風情満点。油や水が出てもいいよう、紙かペーパータオルを敷いておきます。

二 ごみを出すなかれ

手はおしぼりで拭き、お重は風呂敷で包む。風呂敷は敷物にもなります。ビニール袋やラップ類は、なるべく使わずゴミを減らして。

三 お酒はほどほどに

桜だけで酔うのが風流。お酒が飲めない子どもと一緒なら、水筒にお湯を持参して。花びらを浮かべて飲んではいかが。

四 シートは花ござ

いつまでもきれいに咲けるよう、桜に優しいござを用意しましょう。ビニールシートは、桜の根もとに敷くと、桜が呼吸困難に……。

桜は毎年、表情が違います。今年の桜を撮っておいてあげましょう。

この「花」とは桜のこと

梅を見ることは「梅見」というのに、「桜見」とはあまりいいません。日本人にとって花見といえば桜のこと。

- **花疲れ**　はなづかれ　花見ばかりしていて疲れること。
- **花盗人**　はなぬすっと　桜の枝を折って盗む人。
- **花の雨**　はなのあめ　雨に散る桜。または桜の季節に降る雨。

かんたんチャレンジ

桜の花の塩漬け

咲いて7日で散る桜。名残り惜しさから生まれた桜の塩漬けを作ってみませんか。
ごはんに混ぜれば桜ごはん、お湯をそそげば桜茶。
いつでも桜に出会える幸せ。

材料
ヤエザクラの花びら…約300g
塩…大さじ3
白梅酢…大さじ3

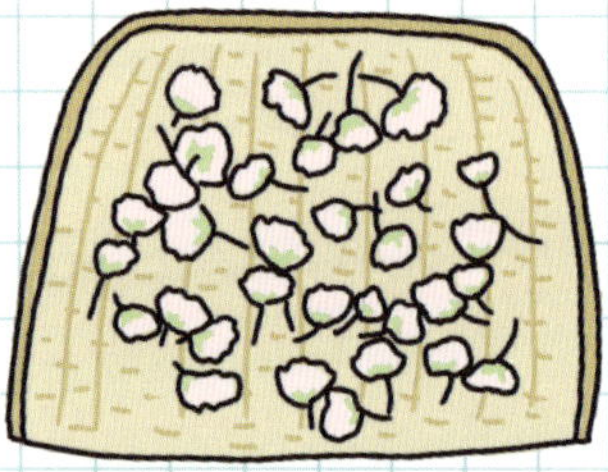

1 たっぷりの水でサッと洗った花びらを、ざるにあげて水気を切る。

2 卓上漬物器に塩をふり、桜と塩を交互に重ねて、最後にバネをきつくしめ、冷蔵庫で1～3日ねかせる。

3 あがってきた水を捨てて桜をかるく絞り、白梅酢をまんべんなくふりかけ、今度はかるく重しをする。冷蔵庫に入れて、2～4日、桜色のきれいな水があがってくるまで待つ。

4 水気を切り、ざるに広げて1～2日陰干ししたあと、保存用の塩（分量外）をたっぷりふって、ガラス瓶に保存する。桜の季節が終わっても楽しめる。

【注】
桜を手折ると花盗人（→p 65）になってしまいます。自宅の桜や、花屋さんで売っている桜から作って。

かんたんチャレンジ

道明寺粉《どうみょうじこ》の桜もち

もっちりした歯ごたえと、ほのかな桜の香が優雅な桜もち。
皮は小麦粉を使った関東風と、道明寺粉をこねて作る関西風があります。
つぶつぶ感が独特の関西風をどうぞ。

材料（8コ分）

こしあん…120g
桜の葉の塩漬け…8枚
皮
- 道明寺粉…100g
- 水…150cc
- 食紅…耳かき1杯程度
- 湯…少々
- 砂糖…大さじ1と1/3
- 塩…少々

1 桜の葉は10分ほど水にさらして塩気を抜き、こしあんは8等分して丸めておく。

2 皮を作る。耐熱ボウルに道明寺粉と水、食紅を溶かした湯を全体が桜色になるまで加えて混ぜ、ラップをかけて電子レンジで5分加熱する。

3 加熱が終わったらふたかラップをして10分ほど蒸らしたあと、砂糖と塩少々を加えてへらでよく混ぜる。これを8等分する。

4 3でこしあんを包み、桜の葉の塩漬けの裏側を見せてくるんでできあがり。

コツのコツ
生地がベタベタ手についたら少々の砂糖水で濡らして

四月上旬

入学式《にゅうがくしき》

春から始まる一年

ランドセル

もとはオランダ語でransel（ランセル）＝兵隊の背負いカバンのこと。明治20年、伊藤博文（いとうひろふみ）が皇太子殿下に革製ランドセルを献上したのが、国産ランドセル第1号。

水や汚れに強く、軽く丈夫なものを選びたい。

学ランとセーラー

学生が着る「ランダ」だから学ラン。ランダは江戸時代、「洋服」の隠語でした。セーラー服はもとはイギリス海軍の制服。独特の三角形の衿は、海風に声がかき消されないよう、立てて号令を聞くためのデザイン。

かわいさから貴族の子ども服に愛用され、日本でも大ブームに！

江戸時代、殿様（武士）の仕事始めは年明けでした。明治維新で欧州の学校制度が導入されると、9月が新年度に改まりましたが、その後、*富国強兵策で4月に士官を募集するようになったため、学校や官公庁の新年度もそれにならって4月となりました。

早生まれ？遅生まれ？

1月1日から4月1日の間に生まれた人は「早生まれ」といい、*数え年7歳で小学校に入ります。4月2日から12月31日の間に生まれた人は「遅生まれ」で、数え年8歳からの入学。1日違いで1年違うなんてちょっとソンのようですが、入れば、クラスでいちばんノッポは4月の遅生まれの子たち。

四月十三日

十三詣り《じゅうさんまいり》

振り返るなかれ

数え年13歳に成長した子を連れて虚空蔵菩薩（こくぞうぼさつ）にお参りします。大人になるのに必要な知恵や福徳を授けてもらい、*厄払いする行事。「知恵もらい」「知恵詣で」ともいいます。

嵐山法輪寺《あらしやまほうりんじ》

京都嵐山の法輪寺は、好きな漢字を一文字書いて祈祷（きとう）してもらい、渡月橋（とげつきょう）を振り返らずに渡りおえると知恵が授かることで有名。155mもの橋を、ヨソ見せず歩くのはけっこう大変？

女の子には、初めて本裁ちの着物を着る日でもあります。帯を締めた大人っぽい装いにドキドキ。

虚空蔵菩薩《こくぞうぼさつ》

なぜ虚空蔵菩薩に参詣？　13番目に生まれた菩薩（1番目は釈迦如来）なので、13歳で参詣するとよいとも、虚空（何もない）は無限の可能性があるからともされています。

【まめ知識】

日本神話を集めた『古事記《こじき》』には、死んだ妻イザナミノミコトを黄泉《よみ》の国まで追い求めていった夫が、妻を連れ戻すとき、「途中で振り返らないでください」と妻に懇願されるシーンがあります。長い長い帰り道、もう少しで出口というとき本当に妻がついてきてくれているか心配になって、チラリと振り返った夫の目に見えたのは……。ゾーッ。振り返るなといわれるほど見たくなってしまうのは人間の本性？

春は山菜。独特の苦みがまた恋しい

春になると、スーパーや八百屋に並ぶ、渋い色をした山菜たち。ちょっぴり苦いけれど、そこがまたおいしい。

山菜と野菜の違い

人が手を加えたかどうかの違いです。野菜は種をまき、肥料や間（ま）びきでコントロールしつつ育てたもの。山菜は野山で自然に育ったもの。山菜は、そのまま食べても毒にはなりませんが、自衛作用としてアクや苦みがあります。

ホッペタが落ちる、山菜の食べ方

たけのこ／掘りたてなら、穂先を切ってわさびじょう油で食べるだけのさしみにトライ。店に並んでいるものはえぐみが強いので、米のとぎ汁とタカノツメを入れて皮ごと下ゆでし保存。煮付けや竹の子ごはん、相性のいいワカメと煮る若竹煮などに。

タラの芽／山菜の王といわれる。熱湯でゆがいてから冷水にさらしてアクを抜く。シンプルに天ぷらにするのが王道。

ふき／熱湯でゆでてから、水にさらしてアク抜き。葉は細かく切って油で炒め、みりん、みそを加えて弱火でくつくつ煮ると、お酒のおつまみにごはんのおかずにと大活躍のふきみそに。茎は油揚げと煮て、炊きこみごはんに。

山うど／シャキシャキした歯ごたえ。皮をむいて細く切り、油でよく炒めてみりんとしょう油、タカノツメか一味唐辛子で味つけ。ごぼうとはひと味違うきんぴら。

わらび、ぜんまい／血管を若返らせるというシダ植物。アクが強いので、しっかりアク抜きを。重曹を入れた熱湯に入れてすぐに火をとめ、落としぶたをしてひと晩おく。ゆでたてにマヨネーズをかけるだけでもオツな味。

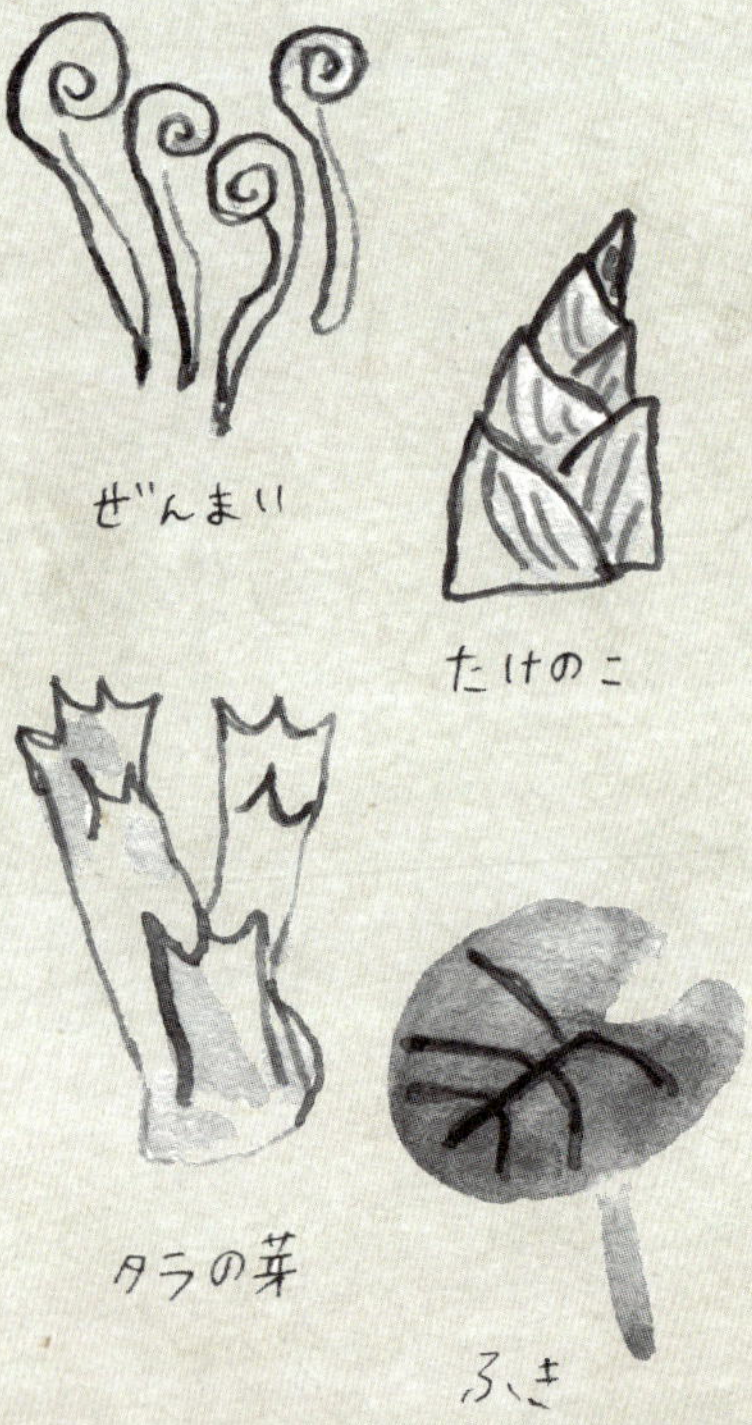

薫風の候となりました。

五月

皐月◆さつき

早苗を植える早苗月。「皐」は田の神のこと

五月二日ごろ

八十八夜《はちじゅうはちや》

近づく夏

雑節（ざっせつ・↓p216）のひとつ。「八十八夜の別れ霜」という言葉のとおり、このころから霜が降りなくなり、日に日に夏めいていきます。農家では稲の種まきや、茶摘みが始まります。

茶《ちゃ》摘《つ》み

八十八夜とお茶が結びついたのは、「夏も近づく八十八夜……」という小学校唱歌がきっかけ。実際には、茶摘みの時期は鹿児島から北上していき、八十八夜の茶摘みはだいたい関西あたりになることが多いようです。

買い方

お茶の味は好きずきなので、お茶屋さんで試飲しましょう。毎年５月ごろになると、店やスーパーに試飲コーナーができるので、立ち寄ってみて。来客用は100ｇ1000円くらい、家庭用は600～800円くらいが相場。値段を目安に選ぶこともできます。

試飲は目も鼻も冴えている午前中が◎。夕方は疲れて味も香りもわかりにくくなります。茶缶ごと冷蔵庫で保存、新茶は一週間以内に飲みきって。

もしも保存に失敗したら？

捨てるなんてもったいない。アロマポットの上皿に湯と茶葉を入れ、キャンドルをセットすれば、部屋中にいい香り！

あるお茶好きの一日

同じ茶葉から作っても、
手のかけ方や育て方で味も香りもまったく
違ってくるのがお茶。
こんなふうに飲み分けてはいかが。

朝

香り高いほうじ茶を飲んで目をさます。

昼

お弁当を食べながら煎茶を飲む。

午後

友達と抹茶ケーキを味わい、玉露を飲んで語らう。

夜

油っこい中華料理をいただいた後、番茶でスッキリ。

夜中

読書しながら玄米茶。米のまろやかな甘みに癒されます。

お茶の種類と特徴

種類	特徴
ほうじ茶	番茶や煎茶を焙煎したお茶。カフェインやタンニンが少なく、クセのない味。
煎茶(せんちゃ)	陽にあてて育てた元気な生葉を蒸し、もみながら乾燥させる。一般的な日本茶。
抹茶(まっちゃ)	直射日光を遮断して育てた茶葉を蒸して粉状にする。キメの細かい、濃厚な味。
玉露(ぎょくろ)	おおいをかけ、陽をあてないように育てる。日本茶のなかでは最上級。甘味がある。
番茶	伸びて硬くなった茶葉や茎から作る。甘みが少なくさっぱりした味。
玄米茶	炒った玄米と番茶を混ぜる。すっきりしたお茶と香ばしい玄米のブレンド。

煎茶のおいしい淹《い》れ方

ひと手間かけるだけで煎茶はとびきりおいしくなります。
5月の茶葉でぜひ。

1　お湯を沸かす。水道水の場合は沸とう後も2、3分は沸かしつづけてカルキ臭を消す。70〜80度に冷ましてから、人数分の茶碗にお湯をつぐ。

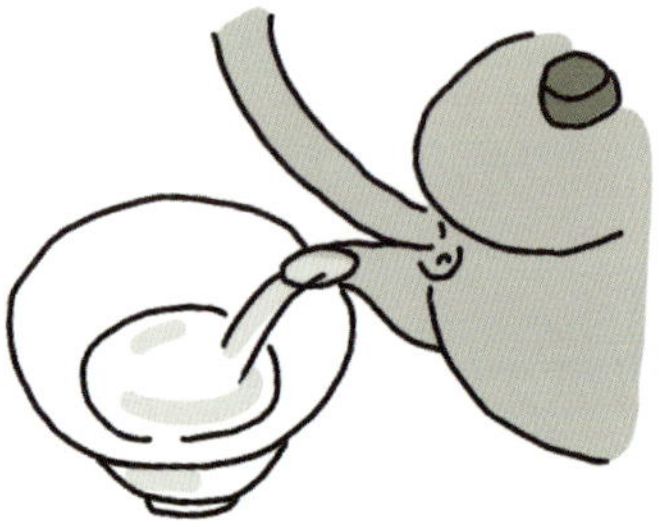

2　急須に茶葉をひとりあたり茶さじ一杯分入れる。

3　茶碗のお湯を急須にそそぎかえる。急須にふたをして1〜2分蒸らしてから、濃さが均一になるように茶碗に回しつぐ。最後の一滴まで絞りきる。

4　茶碗の底をふきん(作り方→p75)で拭きとってから茶托(ちゃたく)にのせる。

【まめ知識】

新茶が上質なのは、テアニンという旨味《うまみ》成分に秘密があります。もともとお茶に含まれるカテキンが体にいいことは知られています。このテアニンには脳*のα波に作用して、脳をリラックスさせたり、集中力を高めたりする効能があります。テアニンは一定の時間太陽にあたるとカテキンに変質してしまうため、日光のあたる期間が短い新茶のほうが、普通のものより含有量が多くなっています。つまり新茶は風味はもちろん、成分も新茶以降の時期のお茶よりまさっているのです。

かんたんチャレンジ

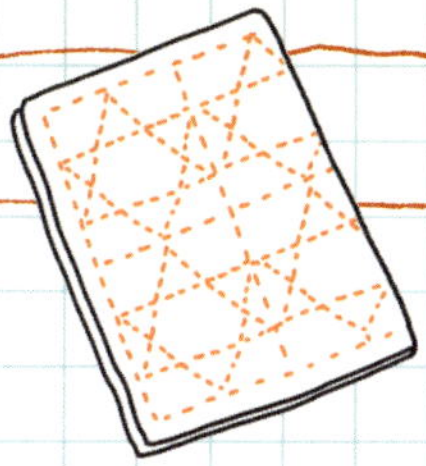

刺《さ》し子《こ》ふきん

茶托にそえるふきんを作ってみませんか。器のホコリよけにかぶせたり、
ランチョンマットに使ったり。皿拭きに使っても丈夫です。布を強くするための昔ながらの縫い方ですが、
使うほどに洗うほどに糸と布がしっくりなじみます。

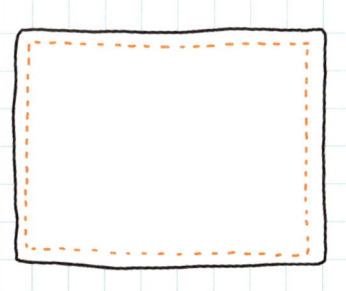

用意するもの

新しい白地の手ぬぐいか、
長さ60㎝くらいのさらし布…1枚
白の木綿糸
刺し子用の色糸(色落ちしにくいもの)
針、ハサミ

1 布を半分に折ってふきんの寸法にする。白糸を2本取りにし、縦横の1辺ずつを縫う。布の間から針を入れて端から1cmくらいを、布のつっぱりをしごきながら縫っていく。

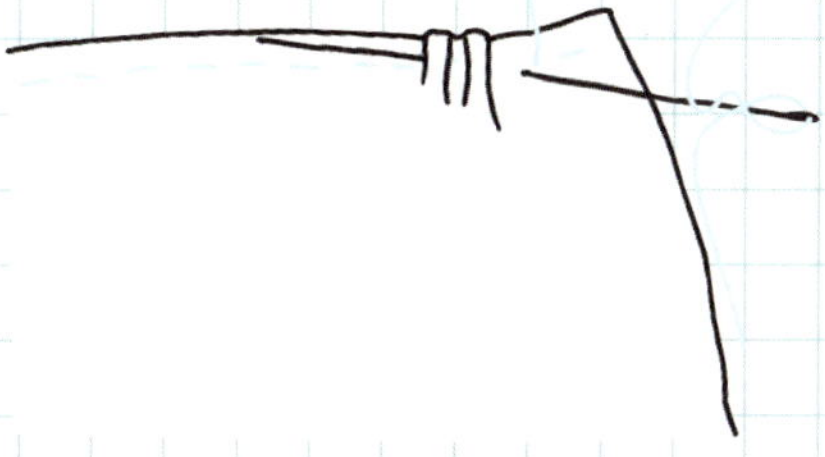

2 縫い終わりはほつれないように3cmほど重ねて縫い、布と布の間に玉留めを入れる。

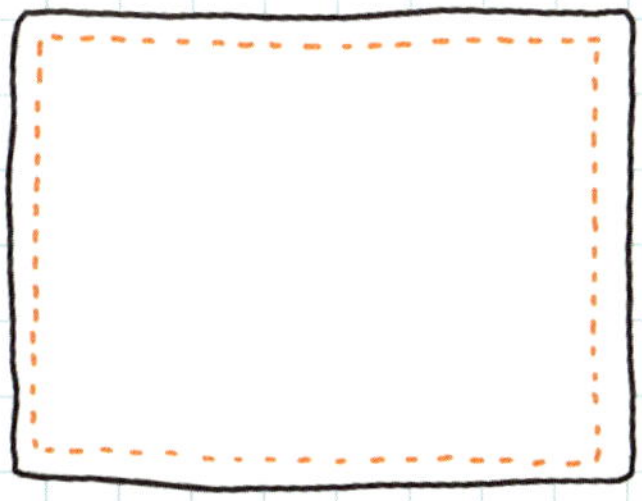

3 裏返して残りの1辺を内側に折り込んで縫う。さらに4辺を刺し子用の色糸で縫う。

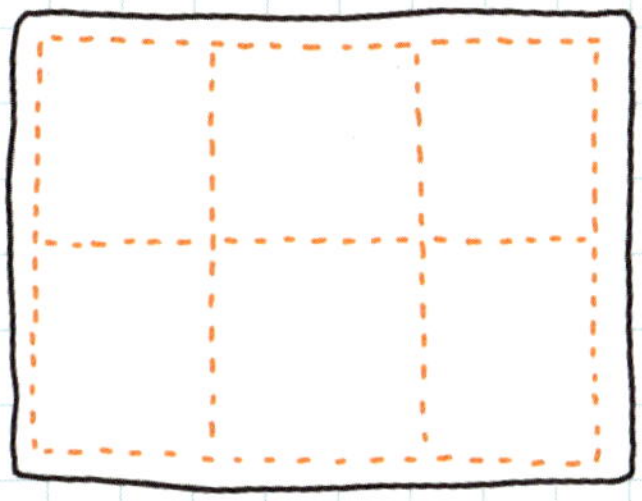

4 外枠の内側をなみ縫いでだいたい6等分し、四角の中を好きな縫い方で飾っていく。縫い目を2〜3mm幅にそろえるときれい。あればチャコペンシルで図案を描くと、複雑な模様にも挑戦できる。

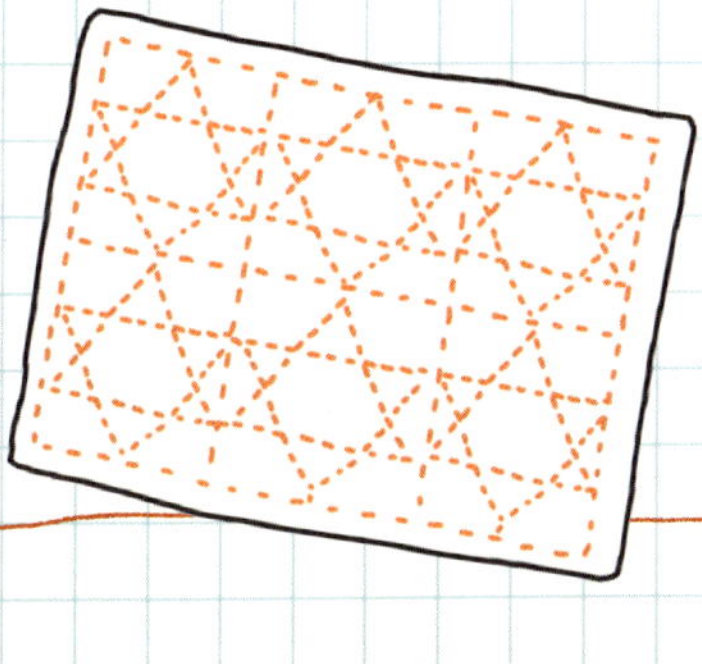

そろそろ夏じたく

八十八夜は春から夏に移る節目の日。
八十八は末広がりの、縁起のよい数字でもあるので、
昔から夏への準備をするのによい日とされてきました。
カレンダーにマルをつけて、ひとつでも夏じたくを。

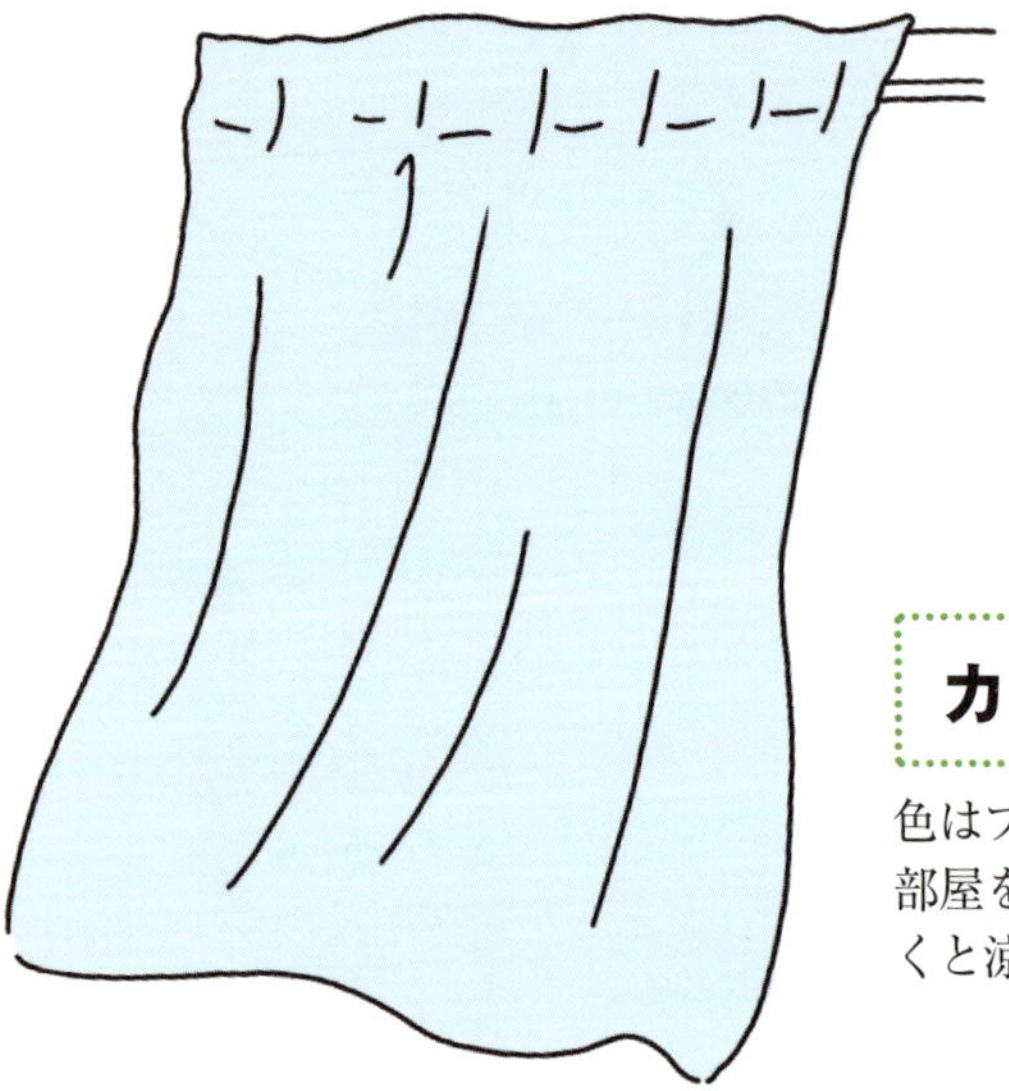

カーテン

色はブルー系に。軽さもポイント。部屋を通るわずかな風にもはためくと涼しげです。

ガラス

陶器からガラス製品にチェンジ。そうめんもサラダもかき氷も透明な器でなくっちゃね。

紫外線ケアもそろそろ

5月の日焼けはあとあとまで残りやすい。
きちんとケアして、
もっともっときれいに。

小物

紫外線の強い10時から14時はUV加工された帽子、日傘を活用して。子ども向けには、野球帽の後ろに垂れ布がついたような、首筋までガードするタイプの帽子が人気。色は涼しさをとるなら白、紫外線をさえぎるなら黒。

【まめ知識】

面倒でなければ、この日に部屋の模様替えもしてしまいましょう。壁に熱や湿気がこもりやすいマンションなら、家具は壁から少し離して配置しなおします。和室ならふすまを外し、間仕切りに籐《とう》のついたてやのれんを使うと、風の通り道ができます。部屋がひろびろと見えるのも目に涼しげ。

い草

座布団やカーペットをい草に替える。い草は天然のエアコンといわれるほど、湿気の多い日本の夏にぴったり。草は呼吸をしているので、敷くだけで気分がすがすがしい。

寝具

綿を薄くした夏ぶとんか、汗を吸収しやすいタオルケットが快適です。パジャマは袖や裾にゴムがなく、締めつけないものを。エアコンや扇風機で寝冷えしないようズボンがおすすめ。

化粧品

去年の日焼け止めが残っていたとしても、買いかえたほうがお肌にはベター。まめに保湿をすると肌が新陳代謝され、まんいち日焼けしても回復しやすいです。

食事

新陳代謝をよくするにはビタミンが不可欠。緑黄色野菜やイワシ、うなぎ、レバーなど。旬のものはその季節を元気に過ごすのにとてもよいようにできています。

五月四日

みどりの日《みどりのひ》

「みどり」とは木々の緑、葉の緑のこと。緑が美しい初夏、森林浴やキャンプを楽しんでみようという国民の祝日です。連休を使って森林浴に行きませんか。

森林浴へ行こう！

新緑の時期を迎えて若葉がいっせいに芽吹くとき。人間の心身をリラックスさせる、フィトンチッドと呼ばれる森独特の揮発性（きはつせい）物質も冬の5倍から10倍発散され、歩くだけですがすがしい。

リュックにはお弁当、お菓子と水。天気のいい日でも雨具は必須。陽よけと虫よけを兼ねられる前開きの長袖シャツがおすすめ。

日本の森の代表的な木

●杉　葉が落ちない、常緑針葉樹。東北から九州にかけて分布。［寿命］４００年以上。

●ヒノキ　火の木＝火起こしに使う木から名がついた。香りがよくまっすぐにのびる。柱などに使われる。［寿命］４００年〜１０００年以上。

●松　神が降りるのを待つ木だからマツ。夏の季語「緑立つ」は松の新芽のことをいう。秋に松ぼっくりを落とす。［寿命］４００年以上。

かんたんチャレンジ

ペットボトルホルダー

手ぬぐい１枚でぱぱっと作れるペットボトルホルダー。
水滴を吸収するのでリュックに入れても濡れず、飲み終わったあとも手ぬぐいが大活躍。

用意するもの
手ぬぐい…１枚（約90×34cm）

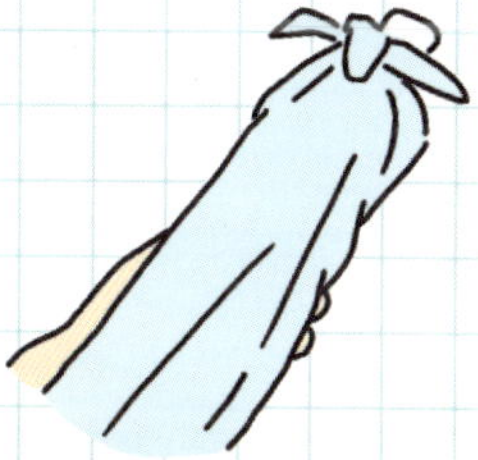

1 手ぬぐいの片方の端を3cm折り返してから、ペットボトルの首に巻きつけて２回結ぶ。

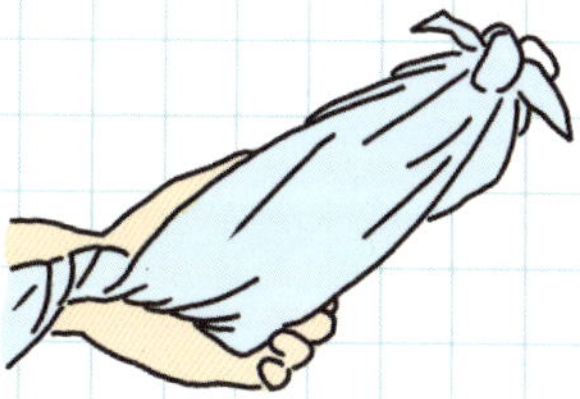

2 手ぬぐいをボトルに沿わせ、下の余り部分を側面からねじり上げる。

コツのコツ
底からねじると底がデコボコになって倒れやすくなるので注意

3 ねじり上げた先端を、1の首の結び目に下から通して引っぱり上げる。

4 先端を側面のねじりに通す。

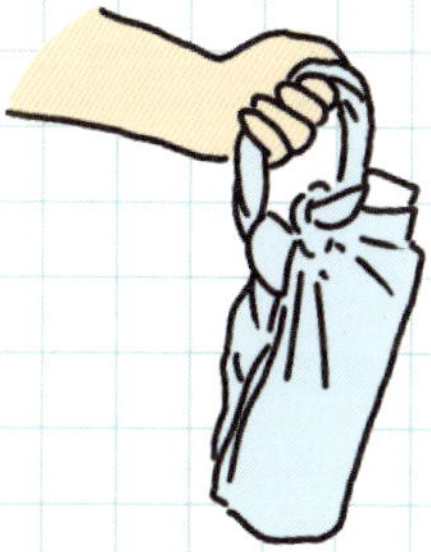

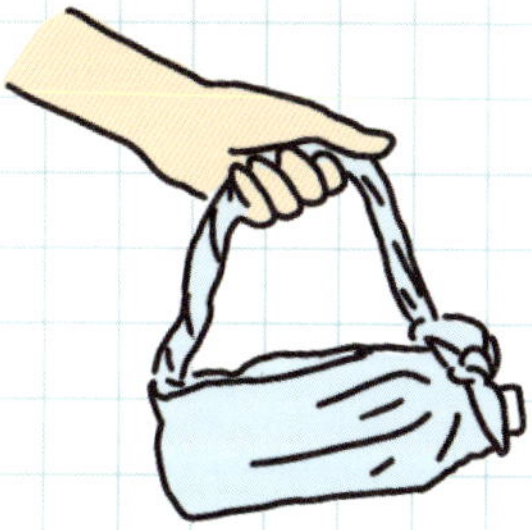

5 先端を側面のねじりにひと結びし、結び目を首のほうに移動させる。首のねじりを引っぱりあげて、側面をぴったりさせれば縦置きに。ねじりを下に引いて、側面に余裕をもたせれば横に持てる。

手ぬぐい3変化《へんげ》

●着物の半襟

●海賊巻き

●鉢巻き

五月五日

端午の節句《たんごのせっく》

男の子のお祝い

強く勇ましい男の子に育つことを祈って大空に鯉のぼりを泳がせ、りりしい五月人形を飾ります。昭和23年から男女の別なく子どもの幸せを願う「こどもの日」になりました。

鯉《こい》のぼり

江戸時代、男児出生をのぼりで知らせた武士をまね、粋な町人たちが和紙で鯉の吹き流しを作ったのが始まり。鯉には滝をのぼって将来龍になるという伝説があります。

古代中国の*五行説(ごぎょうせつ)に由来する、木・火・土・金・水をあらわす5色の吹き流し
黒のお父さん鯉
赤のお母さん鯉
青や緑は子どもたち

背比べ

柱の前に立って、去年の身長と背比べ。どれくらい伸びたかな？

柱をキズつけたくない場合は、柱に板やボール紙を貼るか、背の高い本棚などで代用。

ちまき、柏《かしわ》もち

西日本ではちまき、東日本では柏もち(作り方→p83)を食べることが多いよう。端午の節句にちまきを食べる習慣は、中国で生まれました。

菖蒲《しょうぶ》

端午の節句には菖蒲湯を立てて厄払いします(→p84)。旧暦の5月は今の6月にあたるので、菖蒲はちょうど盛りのときでした。

武者《むしゃ》人形の人気ものたち

すこやかに育ってほしいという願いをこめて。人形は一人ひとりの厄の身代わりなので、長男には金太郎、次男には牛若丸というように、それぞれの分を飾ります。3月から4月のうちに出し、5月半ばまでの天気のいい日にしまいましょう。

金太郎

本名は坂田金時、実在の人物。小田原の足柄山生まれ。鎌倉時代に活躍。

鍾馗《しょうき》

7世紀、中国の皇帝の枕元にあらわれたとされる、まぼろしの英雄。

牛若丸《うしわかまる》

源義経(みなもとのよしつね)の幼名。生まれてすぐ京都の寺に預けられ、毎夜武芸の稽古にはげむ。

弁慶《べんけい》

京の五条の橋の上で牛若丸と出会い戦うが、とてもかなわず牛若丸の家来となる。壇ノ浦の戦いで平家を滅ぼした。

今は女の子のためのオレンジやピンクのかわいい鯉も出現

かんたんチャレンジ

折り紙かぶと

江戸時代には、武家のならわしをまねて、
男の子の初節句にかぶとを折って飾る家々がありました。
多くの人が知っているかぶとの折り方は、こうしていつのころからか伝わったものです。

用意するもの
大きな正方形の紙1枚

1 折り紙を三角に折り、左右を中央で合わせる。

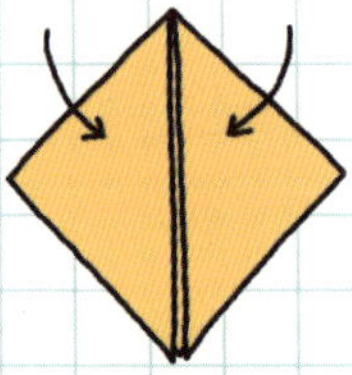

2 下を上に折り上げる。

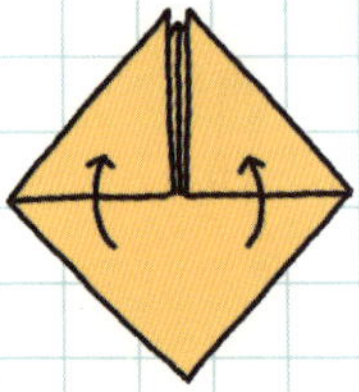

3 中央を左右に開いて折り、角を作る。

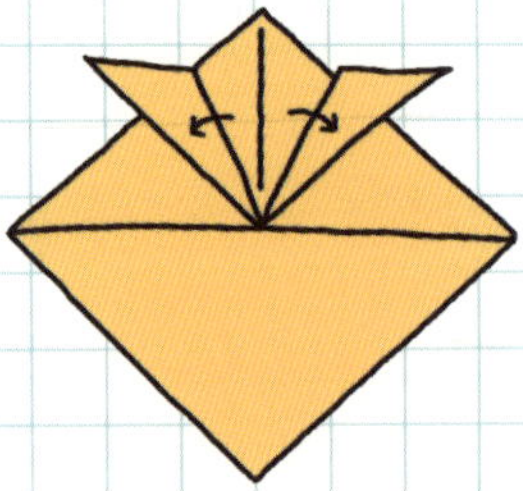

4 下の一枚を上の三角形の中心に合わせて折り上げる。

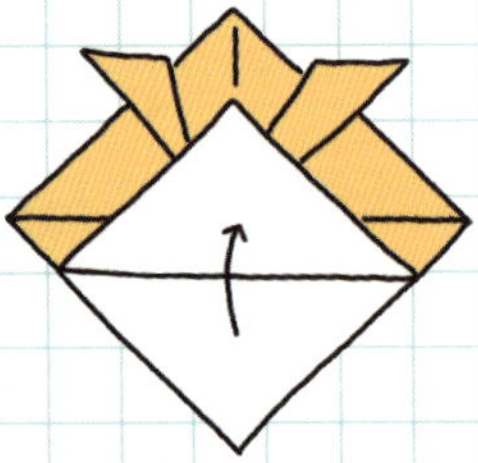

5 さらに、両端に合わせて台形に折る。

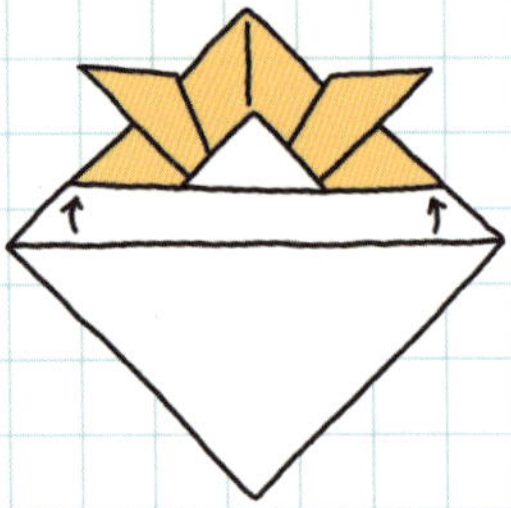

6 裏返し、下の三角形を上の頂点に合わせて折る。表に返してできあがり。

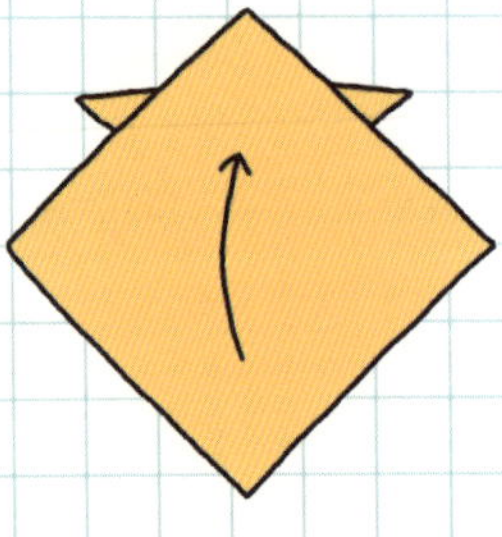

新聞紙や大きな広告紙を正方形に切って折ると、頭にかぶれる！

かんたんチャレンジ

柏《かしわ》もち

新芽が育つまでは落ちない柏の葉。
世代がたえず交代していくことから縁起のいいお菓子とされ、
江戸時代の初めごろから端午の節句の行事食となりました。

材料（4コ分）

上新粉…80g
砂糖…大さじ1
熱湯…100cc
あん…100g（こしあん、つぶしあん、みそあんなど好きなものを）
柏の葉…4枚

1 上新粉と砂糖を耐熱容器に入れ、熱湯を少しずつ加えて、だまにならないよう箸でかき混ぜる。手でふれられるくらいの熱さになったらサッとひとまとめにしてラップにくるみ、600Wの電子レンジで30～60秒加熱。

2 取り出して再びかきまぜ、再度レンジで1分加熱してから、水でぬらしたすりこぎなどで、なめらかになるまで生地をつく。

コツのコツ
生地に水気がなくなっていたら熱湯少々を足して

3 2の皮を水で濡らした手でこねてひとつにまとめ、4等分する。あんも4等分にして丸める。

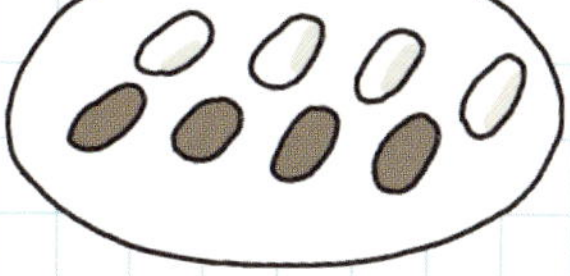

4 生地を指と手のひらで平らにのばし、あんを入れて口をとじる。柏の葉の表を内側にしてくるんでできあがり。

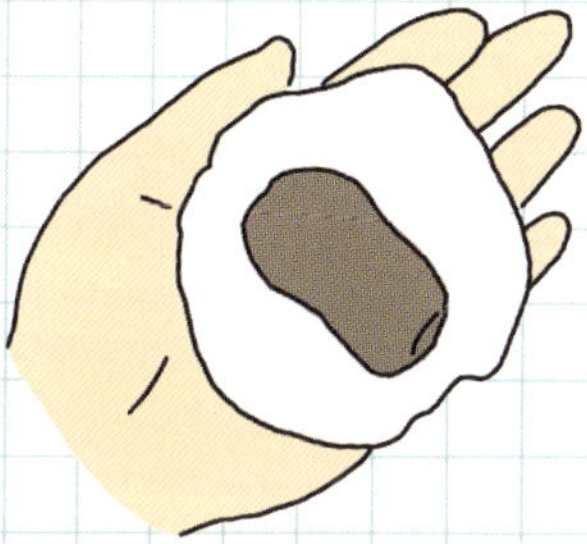

ひと束の菖蒲から

季節の変わり目は疲れが出やすいもの。
スッとした菖蒲の葉をスーパーや花屋さんで見かけたら、
端午の節句に受けつがれてきたさまざまな使い方で
リフレッシュしませんか。

菖蒲はサトイモ科、丸く細長い花穂をつけるが、美しい花は咲かない。葉を煎じて飲めば腹痛に効き、茎は血行をよくし、根は解熱や傷の薬になる。

「菖蒲」と書いて「アヤメ」と読むことも多いけれど、こちらはアヤメ科多年草の別の植物。効能はとくにない。

菖蒲湯《しょうぶゆ》

10本くらいをざっと束ねて、水から入れる。

▼

42～43度の温度で沸かして香りを高め、好みの温度にぬるめてから入る。給湯式なら浴槽が空のうちから菖蒲を入れ、高めの温度で給湯。

【まめ知識】

日本における端午の節句は、江戸時代に幕府が定めた五節句のひとつ。正月7日の人日《じんじつ》の節句（→p20）、3月3日の上巳《じょうし》の節句（→p40）、5月5日の端午の節句、7月7日の七夕《しちせき》の節句（→p116）、9月9日の重陽《ちょうよう》の節句（→p148）が五節句です。1、3、5、7、9と縁起のいい奇数の月に、生まれ故郷の三河《みかわ》で行われていた行事を徳川氏は殿中《でんちゅう》のしきたりに変えていきました。明治維新が起こって江戸幕府はなくなりましたが、五節句は暮らしを晴れやかにする季節の行事として、今も受け継がれています。

箸置き

葉を好きな形に丸めて結ぶ。5月の味覚、カツオのたたきなどにぴったりの、キリッとした形。

軒菖蒲《のきしょうぶ》

菖蒲とよもぎを束ねて軒下に吊るしておくと火事にならないといわれる。

思うこと 軒のあやめに事問あむ
かなわば架けよ 細蟹（ささがに）の糸

菖蒲枕

適当に切った菖蒲を束ね、4日の夜に枕の下に敷いて寝る。香りで邪気をはらうまじない。

菖蒲打ち

菖蒲を束ねてエイッと地面に打つ。大きな音の出たほうが勝ち！

菖蒲占い

軒先の菖蒲に向かって呪文をいう。菖蒲にクモがかかったら願いごとが叶います。細蟹とは小さなクモのこと。

【端午の節句の由来】

時は古代中国。屈原《くつげん》という詩人が川に身を投げて死んだとき、人々は殺菌作用のある棟樹《れんじゅ》の葉でくるんだ米の飯を川へ投げてとむらい、遺体を魚が突かないようにしました。やがて屈原の命日である5月5日にちまきを食べ菖蒲酒をたしなむ習慣が生まれ、それが日本に伝わりました。ちょうどもともとあった、5月の田植え前の休みの時期に重なり、女性が休める女性のための節句としてスタート。5月はダイナミックな祭り（→p86）が多いこと、菖蒲が尚武（武を尚《たっと》ぶ）や勝負と同じ読み方をすること、葉の形が剣に似ていることから、しだいに男の子の行事へと移りかわっていきました。

五月に全国各地で

五月の祭り

ごがつのまつり

5月は全国各地で大きな祭りがあります。旧暦では6月にあたっていたため、もとは梅雨入りを前にした、豊作を願う祭り。田植えの神様は男性なので、女性が主役の祭りも多くあります。連休を利用して出かけるのにピッタリですね！

葵祭《あおいまつり》（五月十五日）京都府

戦国時代にいっとき途絶え、江戸時代に復活した賀茂神社の祭礼。復活にあたり徳川将軍の絶大な援助があったため、徳川家の家紋に敬意をはらい「葵祭」と呼ばれるように。

[見どころ]
京都御所ほか。早めに出かけて場所を取るか、前もって発売される有料観覧席をおさえる。

お田植え神事《しんじ》 全国各地

昔、稲を田んぼに植えつけるのは女性の仕事でした。今はほとんど機械化されていますが、当時の神聖な行事を後世に残すため、そして豊作を祈るため、各地で神事が行われます。

[見どころ]
天候を占ったり*田楽（でんがく）を舞ったり。お田植えの神事は郷土色豊か。

ハーリー祭 （五月三日～五日）沖縄県

中国や台湾から14世紀ごろ沖縄に伝来。航海安全と豊漁（ほうりょう）を祈る祭り。漁師たちが竜の頭と尾をかたどったハーリー船に乗り、波しぶきをあげて闘います。

[見どころ]
今年の覇者はどのチーム？　ほかにも花火やライブ、出店（でみせ）、体験乗船会などのイベントが盛りだくさん。

八日市《ようかいち》大凧《おおだこ》祭《まつり》 （五月第四日曜日）滋賀県

300年の歴史を持つ、国の*選択無形民俗文化財。畳100枚分以上の凧を、先人から語りつがれてきた作り方、あげ方で大空へ。

[見どころ]
風の抵抗を利用した「切り抜き工法」をはじめ数々の技が見もの。全国各地の郷土凧が競いあってあがるのも楽しみ！

日付	名称	意味
4／29	昭和の日	昭和天皇の誕生日。平成19年より「みどりの日」改め、激動の昭和を振り返る記念日に。
5／3	憲法記念日	昭和22年に施行した「日本国憲法」を記念する祝日。
5／4	みどりの日	「国民の休日」が、祝日法改正により平成19年からみどりの日に。
5／5	こどもの日	端午の節句。5は旧暦では「午」の月なので、端午は5月5日のこと。

ゴールデンウィークの中味

毎年楽しみな大型連休。でもなぜ休みなの？　ちょっとオサライ。

五月六日ごろ

立夏《りっか》

夏が立つ。

立夏とは、初めて夏の気配が感じられる日のこと。二十四節気のひとつで、暦のうえではきょうから立秋（8月7日ごろ）の前日までが夏となります。

カエルの種類と鳴き声

啓蟄（けいちつ）のころに、オタマジャクシからかえったカエルが、大人になってメスを呼びはじめます。立夏は「カエルが鳴き始めるころ」ともされています。

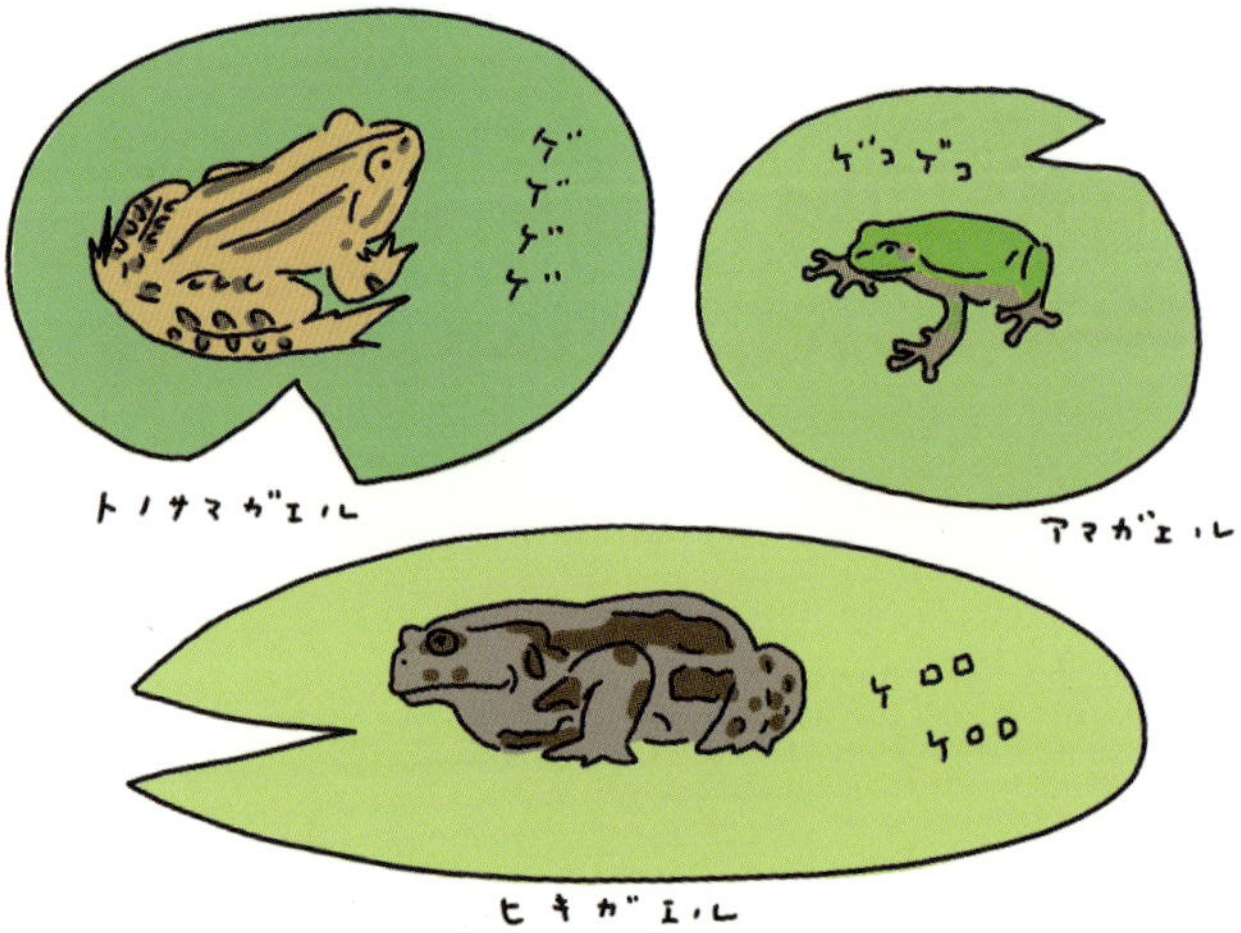

ミミズ

土作りの大切な脇役。土の中ではい回ってほどよい隙間を作り、クワで耕すような役目を果たす。

野草

このころから競いあうように伸びはじめます。

この日の体重を目安にして、夏の健康管理をしてはいかが。急に減ったら夏ばて注意報。ほどほどに維持を！

かんたんチャレンジ

ベランダ菜園

植物を育てると季節の移り変わりを実感できます。
うまくいけば食卓にものせられる、野菜を作ってみませんか。
材料は園芸用品店ですべてそろいます。

用意するもの

有機培養土（ゆうきばいようど）…土を作るのは大変なので、プロが作った培養土を購入

腐葉土（ふようど）…落ち葉を腐らせて土の肥料にしたもの

液体肥料…育ってきたら追肥

種か苗…キュウリ、ゴーヤ、ナス、トマトなどの夏野菜かハーブ類

プランターか植木鉢…ベランダの大きさと苗の種類に合わせて決める

鉢底ネットか小石

軍手、シャベル、コテなど

1 プランターか植木鉢の底に小石またはネットを敷き、有機培養土と腐葉土を混ぜたものを入れる。混ぜる割合は説明書で確認して。

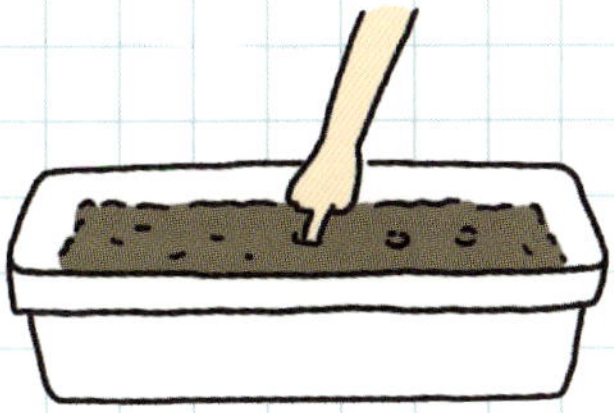

2 水をたっぷりやってから、種をまくか苗を植える。種や苗の根元が見えなくなる程度に、薄く土をかぶせる。

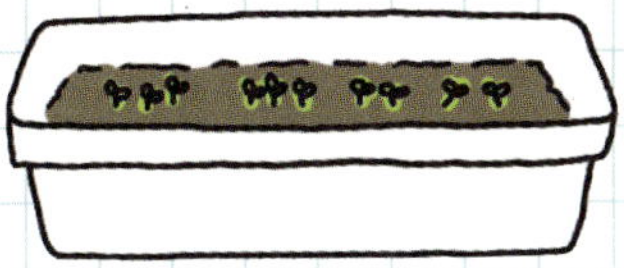

3 陽のあたるベランダに並べ、芽が出たら毎日水をやる。1週間に1度くらい液体肥料を追加する。

小さなスペースには

痩せた土地に生えるハーブ類は、植木鉢でも元気に生育。料理に使いたくなったときすぐ収穫できて幸せ。

大きなベランダには

あっという間に生長して8月には収穫できるゴーヤ（にがうり）はいかが。窓辺に葉を茂らせれば真夏には緑のカーテン。

五月の第二日曜日

母の日《ははのひ》

お母さんありがとう

日ごろの感謝の気持を面と向かっていうのはテレるけれど、一輪のカーネーションに託せば、さらっと「ありがとう」といえそうです。

お母さんに感謝する日。アメリカで始まった行事です。日本には意外に古く、大正時代に、教会を通して伝わりました。

【母の日の由来】

起源には諸説ありますが、カーネーションを贈る今のスタイルになったのは100年ほど前。アンナ・ジャーヴィスという女性が母の霊前に、「母をしのぶ」という花言葉を持つ白いカーネーションをささげたのが始まりです。このことは全米中の共感を呼び、当時のウィルソン大統領が5月の第2日曜を「カーネーションを贈って母親に感謝する日」と定めました。

カーネーションの選び方

花束にしたり、カゴに入れてアレンジメントしたり、ちょっとした工夫ができるのが切り花の魅力。

大輪の花が咲く「大輪品種」は、家中が明るくなるような花束にできる。

花が小ぶりの「スプレー品種」はアレンジメント向き。カゴに入れるとかわいい。

鉢植え

一年を通じて咲く多年草なので、鉢植えもおすすめ。花が一段落したら、大きな鉢に植えかえて、日あたりのよい場所に置きます。自分で育てて贈るのもすてき。

かんたんチャレンジ

ばら水

5月はばらの季節。カーネーションに添えて、ばらの化粧水をプレゼントしてみませんか。
上品な甘い香りはきっと気に入ってもらえるはず。

材料（100㎖分）

大輪のばら…1本
無水エタノール…大さじ1
精製水…100㎖
グリセリン…小さじ2
〔薬局で買える、化粧品の原料〕
ガラスピューレ、ボール、茶こし、マドラーかスプーン、ばら水を入れるボトル
（すべて熱湯消毒しておく）

1 天気のいい日にばらの花を数本逆さに吊るして半日陰で乾燥させたら、きょうがばら水の製作日。いちばんきれいに乾いたばら1本を選ぶ。

2 キズつけないように花びらを取り、小皿に無水エタノールと花びらを入れる。ひと晩置いてばらのエキスを抽出。

3 ボールに精製水を入れ、2を茶こしでこして加える。

4 グリセリンを加え、マドラーかスプーンで混ぜる。容器に移しかえてできあがり。防腐剤(ぼうふざい)が入っていないので冷蔵庫に入れ、できるだけ早く使いきる。

目に青葉　山ほととぎす　初がつお

かつお、昔むかし

「こんな魚、おれらの若いころは、いやしい者でさえ頭なんて切って捨ててたもんさ。今は殿様まで喜んで食べるようになってイヤハヤ、世も末じゃ」

吉田兼好《よしだけんこう》（推定1283〜1352年）は、随筆『徒然草《つれづれぐさ》』の中で、こう嘆く老人を「鎌倉の年寄りから聞いた話」として紹介しています。「昔」の人も昔はよかったというなら、本当にいい昔っていつ？　それはさておき、千年も前から殿様もよろこんで食べていたというかつお。江戸時代、「目に青葉　山ほととぎす初がつお」（山口素堂《やまぐちそどう》）の俳句が知られると、初夏に走りのかつおを食べることが江戸っ子の粋《いき》の証《あかし》となりました。素堂の親友だった松尾芭蕉《まつおばしょう》も、「鎌倉を生《いき》て出《いで》けむ初がつお」という句を詠《よ》んでいます。

味わえば二度おいしい俳句グルメ

山口素堂以外にも、多くの俳人が旬の食べ物を作品に詠んでいます。

さじなめて　童楽《わらべ》しも　夏氷《なつごおり》（山口誓子《やまぐちせいし》）→ひと口食べてはさじをなめ、また食べてはうれしそうにしている、夏の幼な子。

身にしみて　大根からし　秋の風（松尾芭《まつおば》蕉《しょう》）→更科《さらしな》名物の辛《から》み大根の味に、秋風の冷たさを重ねた句。

かつおのたたき

火であぶったかつおのたたき一節に塩少々をふり、厚目に切り分ける。酢、あさつき、おろししょうがをのせて包丁の背でよくたたく。ぬれぶきんをかけて冷蔵庫で冷やしてから、食べる直前にレモンを絞り、大根おろしをたっぷりかけて青じそを添える。

しょうがごはん

しょうがは皮をむいて千切りにし、油揚げと一緒にだし汁で煮る。煮汁に米と同量になるまで水を足して炊き、炊きあがったら油揚げとしょうがをごはんにさっくり混ぜる。

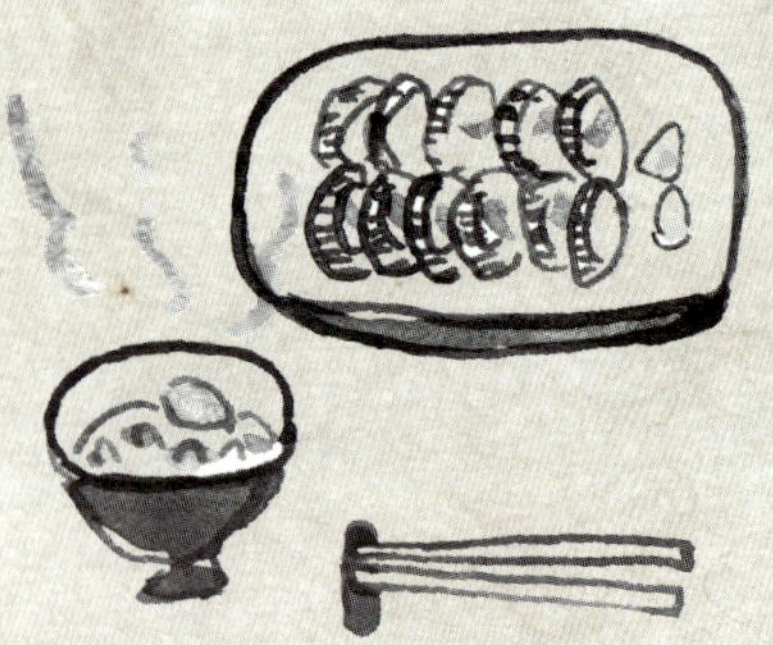

根がまだ固くなっていない、この時季の新しょうがは炊きこみごはんにぴったり！

六月

水無月◆みなづき

田んぼに水を入れる。麦は刈り取りが終わる

麦秋のみぎり
いかがお過ごしですか。

六月一日

衣がえ《ころもがえ》

「更衣（ころもがえ）」とも書き、和服の世界では袷（あわせ）と一重（ひとえ）を切り替えるとき。冬物、春物と夏物を、上手に入れかえましょう。

冬物＆春物を上手に整理

洗う

カビや虫は、シミや食べ物の汚れが大好き。一度でも袖を通した衣類は必ず洗います。

●クリーニングに出すもの

洗濯表示に「ドライクリーニング」とあるもの、オイルコーティングやプリーツなど特殊加工されたもの。スーツなど揃いの服は汚れ具合が違っても上下一緒に出す。

●手洗いするもの

木綿、ナイロン、ポリエステル、ウール製品などで手洗いマークがついているものは家庭で洗濯ＯＫ。

おうちで洗っても安心！手洗いテクニック

押し洗い

汚れた部分を外側に出してたたんだ衣類を、洗剤液のなかにひたし、手のひらで押したりつかみ上げたりをやさしく繰り返す。

アコーディオン洗い

アコーディオンを弾くように、両手を使って衣類を寄せたり広げたりする。シワになりやすい薄手の衣類向き。

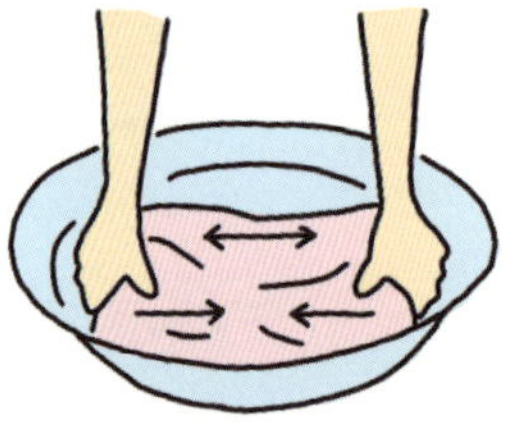

つかみ洗い

両手で衣類をつかんだり離したりする。袖口や衿などの部分汚れに。

足踏み洗い

洗濯機には入らない大きなものを、浴槽で踏んで洗う。色落ちさせたいジーンズなども。

乾かす

●クリーニングしたもの
すぐにビニール袋から出して陰干し。湿気を完全に取りのぞく。

●手洗いしたもの
洗濯表示に従って陰干ししたり、平たい場所に置いて型くずれしないようにする。

しまう

タンスや衣装ボックスの素材は、服に呼吸をさせてあげられる桐製がベター。炭シートや新聞紙を敷いて虫食いを防ぎましょう。

●型くずれさせたくないもの
しわになりやすい生地の服はハンガーにかけて収納。厚みのあるコートにはコート用を使うなど、ハンガーも使い分けます。

●かさばるもの
セーターはラップの芯を軸にして丸めて縦置き。

六月十一日ごろ

入梅《にゅうばい》

立春から数えて１３５日目を入梅といいます。暦のうえではこの日から梅雨(つゆ)ですが、細長い日本、北と南では気候も大きく違うので、気象庁の発表する「梅雨入り宣言」が目安となります。体調に注意して梅雨をのりきり、元気に夏を迎えましょう。

梅雨を楽しむ新旧の知恵

雨音

ぱらぱら、ぽつぽつ、しとしと……雨の多い国の人は百以上の雨音を聞きわけられるとか。梅雨ならではの、しっとりした雨が傘にあたる音を聞いていると、なぜか不思議に落ちつきます。

傘のマナーといえば **傘かしげ**

雨の日、傘を差しながら路地をすれ違う人が、相手に雨のしずくが垂れないように傘を傾けます。庶民が傘を差すようになった、約200年前に生まれたマナー。

傘の使い分け方

●**長傘**　一日中、降りつづく雨用に。肌の色がきれいに見える、明るい色がおすすめ。

●**折りたたみ傘**　にわか雨用に。2段式、3段式がある。

●**晴雨《せいう》兼用傘**　梅雨の晴れ間は紫外線が強烈。降ったりやんだりする日は日傘にも雨傘にも使える、UV加工の傘を。

雨が似合う花

雨だからこそきれいに咲く花もあります。紫外線を気にせず出かけられるのも雨のおかげ。花菖蒲やスイレンを見に出かけましょう。

かんたんチャレンジ

江戸式てるてる坊主《ぼうず》

てるてる坊主は中国から日本に伝わった、晴れ乞いの人形です。
ちょっと不気味で、でもどこかカワイイてるてる坊主、作ってみませんか。

用意するもの
- ティッシュ2～5枚
- ハンカチ大の白い布
- 輪ゴム、吊るしヒモ
- 油性マジックペン
- お酒

1 ティッシュを丸めて頭を作り、白い布をかぶせる。首の部分を輪ゴムで結ぶ。

2 輪ゴムにヒモを通し、軒下に吊るす。あれば「難を転じる」という意味がある南天の木に下げる。

はじめから目鼻を描いて吊るしても◎。でものっぺらぼうのほうが効きめがありそう？

3 晴れたらお礼に目と鼻と口を格好よく描いてあげる。

4 お酒を頭からかけてあげ、よくお礼をいって、燃えるごみの日に処分。昔は川に流していました。

【てるてる坊主の由来】

見れば見るほど不思議な、てるてる坊主の姿。発祥地の中国では、雨雲をホウキで掃《は》く晴娘《はれむすめ》が原型でした。日本では晴れ乞《ご》いの儀式を僧侶が行っていたので、娘ではなく坊主の人形になったようです。けれども梅雨の長い山陰地方には原型そのままの掃晴娘《そうせいじょう》が今に伝わっており、これも不思議のひとつです。雨乞いのときは黒い布で作る、逆さに吊るすとよいなどといわれていますが、誰が言いだしたのかはわかっていません。

かんたんチャレンジ

しそジュース

梅雨に入ってまもなく、赤じその葉がスーパーや八百屋さんに出まわります。
葉を煮だして冷やすと、ワインのようにきれいな赤に変身。
氷で割っても牛乳に入れてもさわやかです。

材料（2ℓ分）
- 赤じそ…100g
- 水…2ℓ
- 砂糖…200～300g
- 酢またはクエン酸…15～25g
- 殺菌した密閉容器

1 大鍋に水を沸かし、沸とうしたら赤じそを入れ、5～10分ほど中火で煮る。

2 砂糖を加え、溶けたら火を止め、葉は取りだす。

3 しそのエキスが溶けでた2の液に酢（クエン酸）を加える。冷めてから、じょうごなどを使ってこしながら密閉容器に移す。

4 日付ラベルを貼って冷蔵庫へ。防腐剤を入れていないので、1週間以内を目安に飲みきると安心。

【まめ知識】

ビタミン、カロチン、鉄分が豊富なしそは昔から日本の民間薬に使われてきました。下痢や貧血、疲労回復によいのは青じそも赤じそも同じ。「紫蘇」と書くとおり、本来の種《しゅ》は赤じそで、青じそはその変種です。赤じそは6月から7月の梅雨どきだけのものなので、しそジュースや梅干、ふりかけなどにしてたっぷりとりましょう。

かんたんチャレンジ

梅酒《うめしゅ》

梅が実るころだからその名がつけられた「入梅」。つゆも「梅雨」と書きますね。
赤じそで漬けこむ梅干はちょっと大変だけれど、梅酒なら焼酎に梅を漬けるだけ。
今漬ければ、8月には飲みごろになります。

材料

青梅…1〜1.5kg
氷砂糖…400〜600g
ホワイトリカー（果実酒用焼酎）…1.8ℓ
竹串、殺菌した広口瓶

1 青梅は洗って水に6〜8時間つけ、アク抜きする。

2 ざるにあげて水気を切り、ふきんでよく拭く。成り口（実が枝についていた部分）についているホシを、実を傷つけないようにして竹串で取りのぞく。

3 熱湯で殺菌した広口瓶に青梅と氷砂糖を交互に入れる。

4 ホワイトリカーを注ぎ入れて密閉し冷暗所へ。2、3か月後くらいから飲みごろになる。

コツのコツ
たまに瓶を揺り動かしてあげると、糖分が均等に混ざります

果実酒いろいろ

梅酒で作り方を覚えたら、いろいろな果実を漬けこんでみましょう。熟しすぎない新鮮な果実を使うことと、変色をふせぐためにレモンの輪切りを入れるのがコツ。

- キウイ酒…キウイ7〜8コ
- ゆず酒…ゆず5コ
- びわ酒…びわ1kg

……輪切りにしたレモン4コと氷砂糖200ｇ、ホワイトリカー1.8ℓに漬けこむ。

梅雨どきの快適掃除術

雨が降りつづくと掃除もおっくう。
日々のひと手間で、かんたんきれいに。

玄関、靴

濡れた靴を下駄箱にしまいこむとカビでごわごわに。靴の中まで濡れているときは、丸めた新聞紙を入れておきます。さらにレンガ（1コ100円程度）の上に置くと湿気が早く取れます。レンガは除湿効果が高いので、置くだけで玄関の湿気対策にも。晴れた日に天日に干せば、ずっと使えます。

リビング

カビの栄養源となるホコリがたまらないよう、家具と壁の間は5cmほどあけて風の通り道を作ります。洋室ならできればカーペットは外し、和室なら畳をまめにから拭きします。

フィルターのホコリは
掃除機で吸い込んで。

エアコン（クーラー）

エアコンの使いはじめは要チェック。結露からカビが繁殖しているかもしれないので、フィルターを外して掃除し、送風運転をして湿気を取りのぞきます。ふだんも冷房を切る前には10〜30分送風モードにして、湿気をとばしておくようにしましょう。

梅雨の晴れ間のひと仕事

六月
入梅

梅雨といっても、毎日降りつづくわけではありません。ちゃんと晴れ間が訪れます。晴れたスキにするコトは…。

- 窓を開けて換気。部屋の反対側の窓も開け、換気扇を回して空気を入れかえる。

- 傘は傘立ての中から出して、広げて干す。
- すのこ、洗い桶など、カビの生えやすいお風呂グッズを干す。
- まな板、ふきんを熱湯消毒して日にあてる。

キッチン

流し台にハネた水は、すぐに拭きとるようにします。調理台は水で倍に薄めた酢水スプレーをシュッとひと吹きしてから拭きとると、除菌・消臭が同時にできます。

風呂場

カビ繁殖ナンバーワン地帯。お風呂に入ったあと、温水→冷水の順でざっとバスタブや壁を流すだけでも温度が下がり、カビ防止に。その後、タオルでから拭きします。手の届かない所へは柄つきのモップが便利。ドアは少々開けて、効率よく換気しましょう。

洗面台

水を含ませた布をかたく絞って汚れをこすり、タオルでから拭き。水や歯磨き粉が飛びちっていないか、使ったあとでまめにチェックを。鏡は水拭き後にすぐから拭きすればいつもピカピカ！

【まめ知識】

濡れたタオルなどを壁にかけっぱなしにしておくと、いつのまにか黒いポツポツが。放っておくと、みるみる広がっていくカビ。肉眼では見えないほど小さな微生物ですが、気温が20度以上に上がると、湿気を養分にして繁殖し、目立ってきます。アレルギーやアトピーを引き起こしたり、建物の木を腐らせたりなど、衣食住へのダメージも大。まんいち生やしてしまったら除去するしかありません。ただ、カビ取り剤には劇薬も多いので、まめに掃除して生やさないようにしたいものです。

梅雨どきの体調管理術

6〜9月はお腹をこわしたり夏風邪をひいたりしやすいとき。
ふだん台所にあるものを見直して体調管理を。

酢のパワー！

掃除でも大活躍する酢が、食中毒の予防にも役立ちます。あらゆる料理に使えるよう、すし酢を作っておきましょう。

- 米酢…1カップ
- 砂糖…大さじ8
- 塩…小さじ4

……保存容器に入れて振り、混ぜ合わせて冷暗所へ。

酢も塩も砂糖も保存食なので、常温で1年以上保ちます。お弁当に入れたり、保温ジャーに入れたごはんに加えて腐敗を防いで。もちろん、家庭でおすしを作るときにも便利（→p30、46）。

緑茶のパワー！

緑茶のカテキンには消臭・抗菌・解毒作用があります。調理前のまな板に緑茶をスプレーすると食中毒の予防に。ただ飲むだけでも、消化をよくし、免疫力を高めます。

薬草・薬味のパワー！

梅雨どきに出まわるみょうが、しょうが、わさびなどは食あたりを防ぐ薬草でもあります。加熱しないほうが効果的なので、みそや酢に混ぜてソースを作り、さっぱりといただきましょう。また、とうがらしなどの辛味成分も夏にはおすすめ。

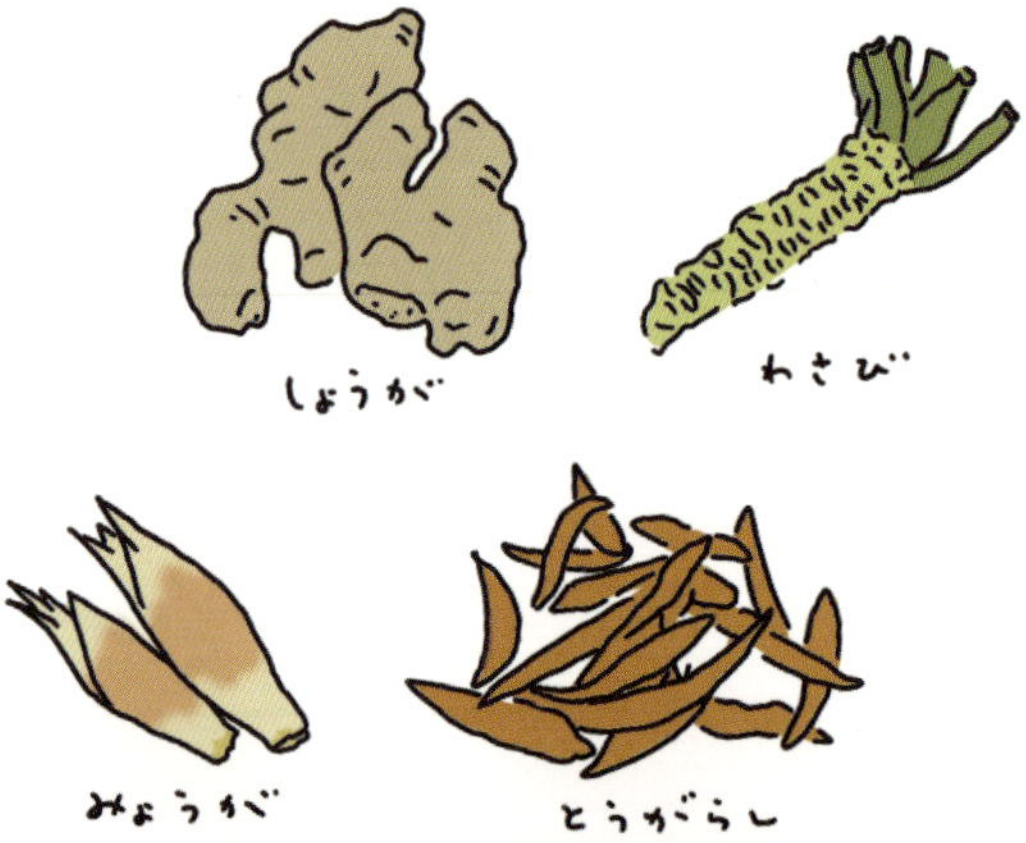

六月二十一日ごろ

夏至《げし》

長い昼

「夏に至る」と書くこの日を過ぎると、いよいよ本格的な夏の始まり。北半球では太陽が一年でもっとも高い位置に来ます。冬至（12月22日ごろ）にくらべると、北海道の根室では約6時間半、東京では約4時間40分も昼の時間が長いのです。

夏至祭

世界各地で行われる夏至祭。日本では三重県二見浦（ふたみうら）の夫婦岩（めおといわ）の祭りが有名。日本には大小の岩が仲良く並んだ夫婦岩がたくさんありますが、岩の間から朝陽がのぼるのはここだけ。夏至のころだけの不思議な現象です。

あじさいのおまじない

一日中雨でもガッカリすることはありません。
梅雨どきはあじさいが美しいとき。こんなおまじないはいかが。

1　あじさいの花にヒモをつける。

2　玄関の電灯に下げれば厄除け、寝室の電灯に吊るせばお金に困らない。

お金持ちになるわけではなく、お金に「困らない」程度。それでも人気のおまじないです！

【誕生花と花言葉】

遠い昔、人々は花には季節の神々が宿るとし、花ごとに神々からのメッセージを考えました。国ごとに土地ごとに花言葉は違いますが、その一例を紹介。インテリアの花飾りや誕生日プレゼントのヒントにぜひ。

春《はる》

3月 弥生　やよい

誕生花……菜の花　なのはな
花言葉……快活さ

4月 卯月　うづき

誕生花……チューリップ
花言葉……博愛

5月 皐月　さつき

誕生花……薔薇　ばら
花言葉……ピンク／感動　赤／情熱
白／尊敬　黄／ジェラシー

6月 水無月　みなづき

誕生花……百合　ゆり
花言葉……白／純潔　黄／飾らぬ美

7月 文月　ふみづき

誕生花……花菖蒲　はなしょうぶ
花言葉……あなたを信じます

入梅〜夏《にゅうばい〜なつ》

8月 葉月　はづき

誕生花……朝顔　あさがお
花言葉……はかない恋

秋《あき》

9月

長月 ながつき

誕生花……竜胆 りんどう

花言葉……あなたの哀しみによりそう

10月

神無月 かんなづき

誕生花……秋桜 コスモス

花言葉……乙女の純心

11月

霜月 しもつき

誕生花……菊 きく

花言葉……高潔

冬《ふゆ》

12月

師走 しわす

誕生花……シクラメン

花言葉……はにかみ

1月

睦月 むつき

誕生花……梅 うめ

花言葉……気品のある美しさ

2月

如月 きさらぎ

誕生花……水仙 すいせん

花言葉……自己愛、うぬぼれ、愛をもういちど

六月の第三日曜日

父の日《ちちのひ》

お父さんありがとう

今年は何を贈ろうかな？
毎年贈って、自分の成長をみてもらうのもプレゼント。

母の日があるのに父の日がないのは不公平……ということで、１９１６年に制定され、１９７２年からアメリカの国民の祝日となりました。アメリカでは、子から父へ、白いばらを贈るのがならわしです。

子ども時代
学校で作った（作らされた）
肩たたき券

中・高校生
カードを添えて
手作りプレゼント

親もとを離れたら
当日送ってサプライズ

社会人になったら
お母さんの分も合わせて
旅行券をプレゼント

包めないものはない！ なんでもすてきにラッピング

旅行券

1　空き箱に券を入れ、きれいな包装紙で包んで、余り部分にタックを寄せる。

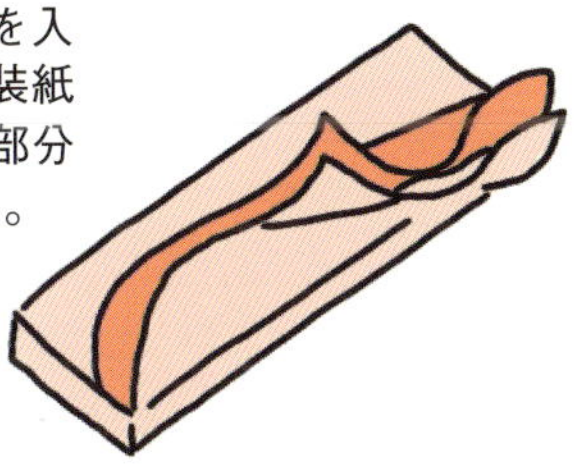

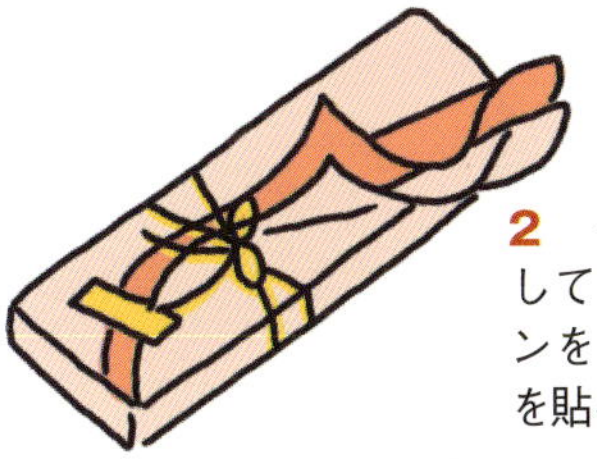

2　タックを生かして、上からリボンをかけ、シールを貼る。

グラス・陶器などの割れ物

1　梱包材で包む（丸みが出て、包みやすくなる）。

2　ハンカチでくるみ、くるみ終わりをきれいに結ぶ。カードを添え、ハンカチごとプレゼント。

ワイシャツなど衣類

ブティックの袋をそのまま利用。袋の口を折り、パンチで穴をあけてリボンを通すだけ。

働くお父さんには癒し系グッズ

一つひとつはお店の品でも、自分で工夫して詰めて、メッセージカードを添えると、きっと心に残るプレゼントに。

- コリをほぐすツボ押しグッズ
- 疲れ目に効くアイピロー
- イルカの鳴き声や波の音などが入ったヒーリングCD
- 手足をのばしてくつろげるリラックスチェア

六月〜八月ごろ（地域により異なる）

蛍狩り《ほたるがり》

蛍はどこにいる？

風のない、生あたたかい夜。川や水田ぎわの草むらから、日没1〜2時間後をピークに飛びまわります。

蛍の光はラブコール。オスが光ったとき、メスも光れば婚約成立。約4日から10日間、エサを食べずに夜露だけで過ごしてパートナーを探す。

どんより曇った梅雨の夜、甘い水を求めて草から草へと飛びまわる蛍。環境の変化により、一時激減しましたが、蛍の飛ぶ清流を取りもどそうという動きが、各地で起こっています。行政の保護により、ふたたび見られるようになりつつあります。

蛍の名所

- **宮城県東和町　鱒淵川《ますぶちがわ》**　数万匹の源氏蛍*が国の天然記念物に指定されている。
- **長野県辰野町　松尾峡《まつおきょう》**　明治時代から蛍の名所として有名。町ぐるみで保護。
- **東京都世田谷区　岡本民家園**　農家の生活を再現した民家園の中に蛍園がある。
- **滋賀県山東町　天野川《あまのがわ》**　町内全域で見られる。発光の大きな源氏蛍で、国の天然記念物指定。
- **京都府京都市**　「哲学の道」はじめ、そここに名所あり。

蛍狩りのオキテ

蛍はとてもデリケートな生き物。脅かすと、次の年には来なくなってしまうかもしれません。次のことを守りましょう。

1 蛍は捕らない、殺さない。
2 ごみは持ち帰る。川も汚さない。
3 ウソの光を点滅させない。携帯電話のフラッシュ撮影も×。

【注】
小さな子どもがいて夜道が危ない場合は、できるだけ野生の蛍ではなく設備の整った蛍園で観賞を。

日本の蛍ベスト3

日本には数十種の蛍が生息していますが、代表的なものはこの3種。

源氏蛍《げんじぼたる》

5月下旬〜6月下旬ごろ成虫になる。体長12〜18mm。
本州、九州、四国に生息。約2〜4秒間、黄色に大きく光る。

姫蛍《ひめぼたる》

5月下旬〜7月下旬ごろ成虫になる。体長6〜9mm。
青森から九州に生息。桃色に一瞬光る。

平家蛍《へいけぼたる》

6月下旬〜8月に成虫になる。体長7〜10mm。
北海道から九州にかけて生息。黄色に光る。

【まめ知識】

なぜ蛍を捕ってはいけないのに蛍「狩り」？　蛍狩りとは、紅葉《もみじ》狩りなどと同じく「鑑賞する」という意味。「狩る」には、動物を捕らえるという意味のほかに、季節の風物を楽しむという意味もあるのです。間違っても蛍を「狩」らないようにしましょう！

六月三十日ごろ

夏越しの祓《なごしのはらえ》

半年分の厄落とし

旧暦の6月末に行われる、半年分のケガレを落とす行事。12月末の「年越しの祓（↓p210）」と同じで、半年の健康と厄除けを祈願します。

茅《ち》の輪《わ》くぐり

神社の境内に作られた、チガヤという草で編んだ輪の中を、「水無月の夏越しの祓する人は、千歳（ちとせ）の命延（の）ぶというなり」と唱えながら8の字を書くように3度くぐり抜けます。

ひんやりお菓子で厄払い

冷房も冷蔵庫もなかった昔、気温が上がりムシムシする7月は、しばしば病気がはやりました。体力も消耗するので、甘く食べやすいお菓子でエネルギーを補給し、厄払いにしていたようです。

削り氷。冬にできた氷を山間の*氷室（ひむろ）に貯蔵しておき、夏に食べる。貴族や将軍家にしか許されなかったぜいたく。

葛（くず）きり。葛粉を水で溶いて煮つめ冷やしかためる。砂糖か黒みつをかける。

かんたんチャレンジ

水無月《みなづき》

夏越しの祓の日に食べる、伝統的なお菓子。
邪気をはらうあずきがのった三角形の台は、削りたての鋭い氷をあらわしています。
夏に本物の氷を食べることができなかった庶民の、氷へのあこがれから生まれた銘菓。

材料（4人分）
- 薄力粉…100g
- 砂糖…50g
- お湯…300cc
- ゆであずき…100g

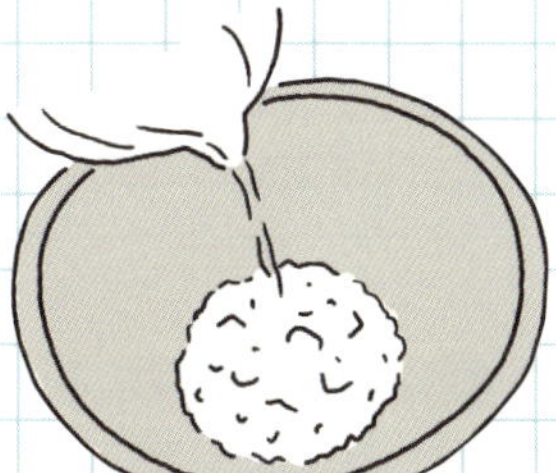

1 薄力粉と砂糖とお湯を入れ、コシが出るまで混ぜる。

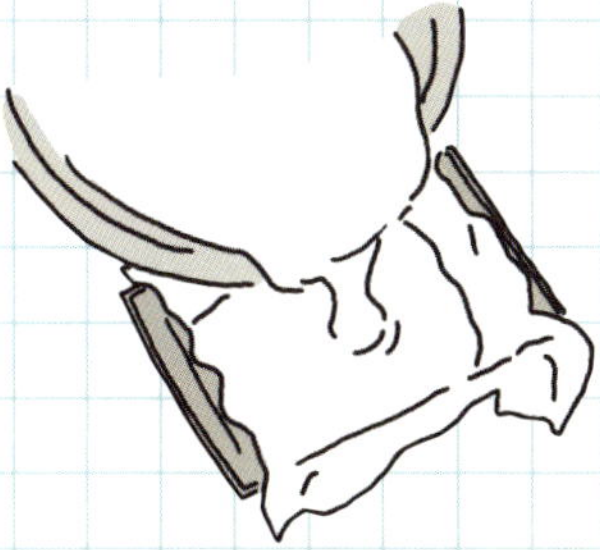

2 1を50ccほど残して流しかんに入れ、ラップをかけて600Wの電子レンジで2〜3分加熱。流しかんがなければ、耐熱のタッパーを使ってもよい。

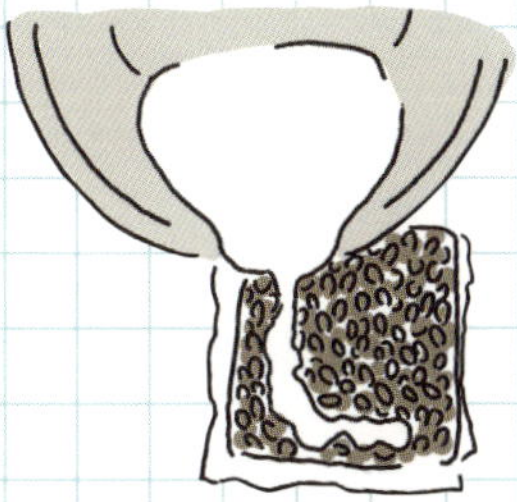

3 取り出してあずきをまんべんなく広げ、2で残しておいた生地を上に流し入れる。

4 ラップをしないでレンジ（弱）で約1〜2分加熱。冷めたら冷蔵庫で冷やす。2等分し、さらに斜めに2等分して三角形に切る。

コツのコツ
こっくりとした甘さにしたいときは黒砂糖を！

【まめ知識】

*暑気払《しょきばら》いの冷菓といえば、何といってもかき氷。ちょっと懐かしくて楽しい味わい。ちなみに史上最古のかき氷は、『枕草子《まくらのそうし》』に登場する削《けず》り氷《ひ》です。清少納言《せいしょうなごん》は「あてなるもの。……削り氷にあまづら入れて、新しきかなまりに入れたる」とし、削った氷を新しい金物の器に入れて、甘葛《あまづら》をかけて食べるのはなんと上品な味だろう、とたたえています。ほかに水晶の数珠《じゅず》や藤の花が「あてなるもの」とあげられています。夏の氷は、水晶と並ぶ、きれいで珍しいものだったわけ。もともと関東では器にシロップを入れて上から氷を削りますが、関西は氷の山の上にシロップをかけます。『枕草子』に記述されている食べ方は、「削り氷に甘葛《あまづら》入れて」とあるので、関西風だったよう。

雨の名前と言いつたえ

雨が多い日本では、降り方や季節によって呼び名が変わっていきます。雨にこれほどたくさんの名をつけた国は、日本だけとされています。

知ってる？　雨の名前

春雨《はるさめ》／春に、霧のようにしとしと降る雨。

篠《しの》突《つ》く雨／篠（細い竹）の束を落としたかのように激しく降る雨。

時雨《しぐれ》／秋から冬にかけて、降ったりやんだりする雨。

天泣《てんきゅう》／雨雲のない、晴れわたった空から降る雨。狐の嫁入りともいう。

ほんと？　雨の言いつたえ

茶わんの飯粒がきれいに取れると雨／晴れると空気が乾き、茶わんに飯粒がくっついてしまう。雨の日は逆。

煙が真上にのぼると晴れ、横になびくと雨／上空に雨雲があらわれ、風が起こっているから。

ツバメが低く飛ぶと雨／ツバメのエサとなる昆虫が、雨が近づくと低く飛ぶから。

猫が顔を洗うと雨／雨が近づくと湿気で毛足がのびてかゆくなるから。

雨のことわざといましめ

雨落ちれば天に上らず／いちど降った雨は天に戻らない→いちど冷めた愛情はもとに戻らない。

雨降って地固まる／雨を吸いこんだ土が締まって安定する→いさかいやもめごとのあとにこそ、仲よくなれ、ものごとが好転する。

朝の雷に川越すな／朝の雷は集中豪雨の前ぶれ。洪水のおそれ大。

チャグチャグ馬コの日には雨が降ったことがない／岩手県に伝わる6月の馬祭り。色とりどりの装束をつけた百頭近くの馬が鈴を鳴らして行進する。晴れる日として有名。

七月

文月◆ふみづき

七夕に詩歌や文をささげる。短冊に書いて

七月一日ごろ

山開き、海開き

やまびらき、うみびらき

夏本番！　昔、神様がいる山には、夏の間しか登ることが許されませんでした。そこで、山に入れる最初の日に山開きの行事を行うようになり、それにならって、海開きの行事も行うようになりました。

山に行こう！

日本一高い山は？

標高3776mの富士山。山開きの日は山開き宣言や夜市、花火大会が催されます。ハイカーたちは山小屋に泊まり、暗いうちに登って、朝陽を拝みます。

日本一高い郵便局は？

7月10日～8月20日、富士山の頂上に臨時郵便局が開設されます。富士山頂の消印を押してもらえるので、登頂記念に出してみては。

日本一空に近い鉄道駅は？

八ヶ岳（やつがたけ）の高原を走る、JR小海（こうみ）線。路線中、もっとも高い駅は野辺山（のべやま）駅。標高1345m。

山登りは大変だけれど、山は楽しみたい！　という人には、車窓からの大パノラマがオススメ。

【まめ知識】

海水浴は、その昔、病気を治すための養生《ようじょう》として始まりました。海水の塩分が体にいいと信じられていたようです。夏目漱石《なつめそうせき》の『こころ』には、主人公の書生が、鎌倉の海で先生と出会うシーンが書かれています。現代はともかく、海辺で運命的な出会いをするという始まりは、大正時代にはかなり衝撃的だったようです。

海に行こう！

海の家

海開きの日のころから砂浜に建つ。シャワー、ロッカー付きのところが多く、ここで水着に着替えられます。食堂やお土産物屋を兼ねたところも。

海水浴は

日射しがキツすぎない午前中がベスト。潮が満ちてくる午後2時〜3時前にあがりましょう。ブイの外に出ないように注意して。

スイカ割りだって…

目隠しをして、スイカめがけて歩いて、割る遊び。浜辺では方向感覚が失われるので大変！　棒はまっすぐ振り下ろして。

貝を聞く

貝を耳にあてると、ゴーッと潮騒(しおさい)のような音が聞こえます。この音を聞くと幸せになれるとか。

泳ぐだけじゃ物足りない！　というときはこちらも。大荷物？

七夕《たなばた》

七夕飾りベスト7

宮中や将軍家ではなく、ふつうの家々が笹飾りをするようになったのは、江戸時代から。書や手芸など、習いごとをする人々が増え、誰もが星に上達を願うように。

紙衣《かみこ》

紙の人形(着物)を飾ると、裁縫(さいほう)が上達し、着るものに困らなくなるとか。災いを人形に移すという意味もあります。

吹き流し

織姫の織り糸を表現。紙風船かくす玉に、5色の紙テープを適当な長さに切って貼りつけて。

5色の短冊《たんざく》

願いごとや、「天の川」など、七夕にちなむ言葉や絵をかいて下げる。中国の*五行説に由来。

夏においしいそうめん。天の川に見立てたり、機を織る糸に見立てたりして、宮中では千年も前から七夕の行事食！

古代中国で生まれた七夕伝説が、奈良時代ごろ日本の貴族社会に伝わり、琴を弾いたり詩を作ったりしてお祭りする行事になりました。「星祭り」ともいわれます。江戸時代には、五節句のひとつにも数えられる、公式行事となりました。

七夕ロマンス

昔、天の川の西に織姫（おりひめ）という布を織るのが上手な姫君が、対岸には、彦星（ひこぼし）という、牛飼いの青年が住んでいました。ふたりは*天帝（てんてい）の引きあわせで出会い、結婚。けれどもふたりが仕事もせず仲むつまじくするばかりだったため、天帝は怒り、年に一度、７月７日の夜以外は会ってはならないと命じたのです。

乞巧奠《きっこうでん》 七夕の中心だった行事。「乞」は願うこと、「巧」とは上達すること、「奠」はまつること。詩歌や裁縫の上達を願って星に祈りをささげ、香を焚き歌を詠みあいました。

巾着《きんちゃく》

金運がまわってきます。折り紙で折るほか、本物のお財布を下げても。

網飾り

豊年豊作大漁の願いをこめて飾ります。さまざまな形があります（作り方→p118）。

千羽ヅル

長寿のシンボルのツルを折り紙で折ります。

くずかご

七夕飾りを作って出た紙くずを、折り紙のカゴなどに入れて吊るします。物を粗末にしないようにとの意味をこめて。

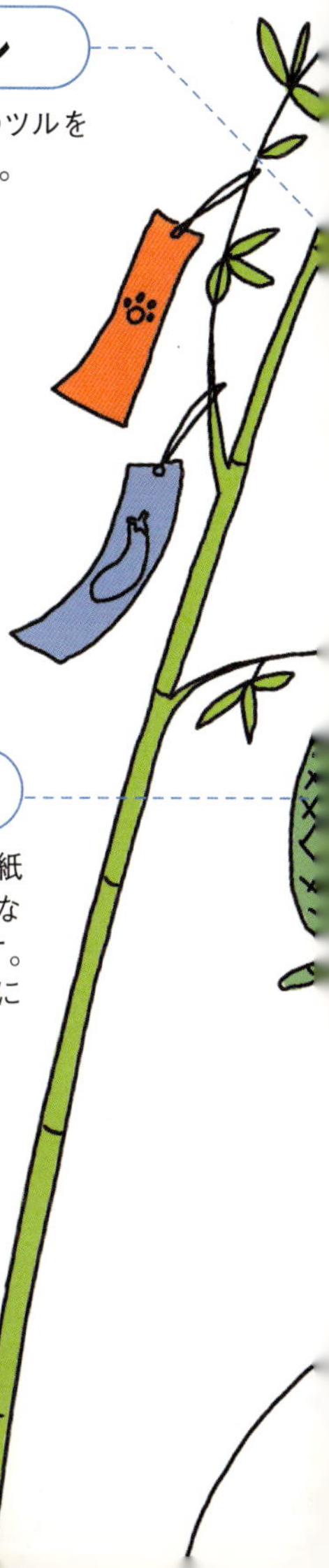

かんたんチャレンジ

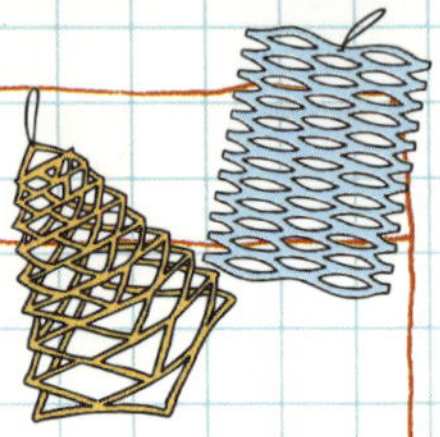

おうちで七夕

おうちで七夕をしてみませんか。
小さな笹竹を買ってきて家族みんなが見られるコーナーに飾ります。
揺れる笹飾りを見ながら、天の川に見立てたそうめんを食べれば完璧！

豊漁を祈る網飾り

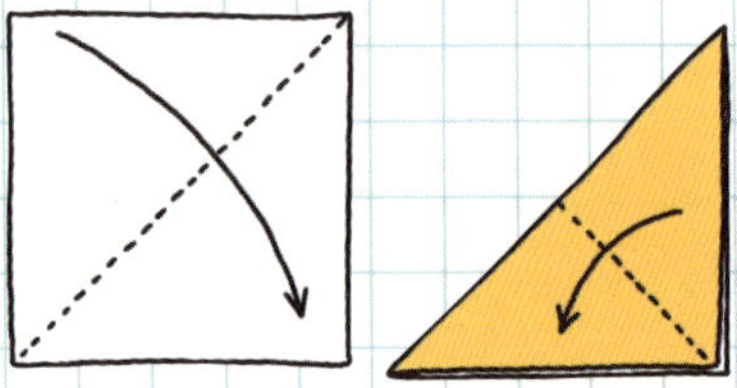

❶ 色紙を半分に折り、さらに半分に折る。

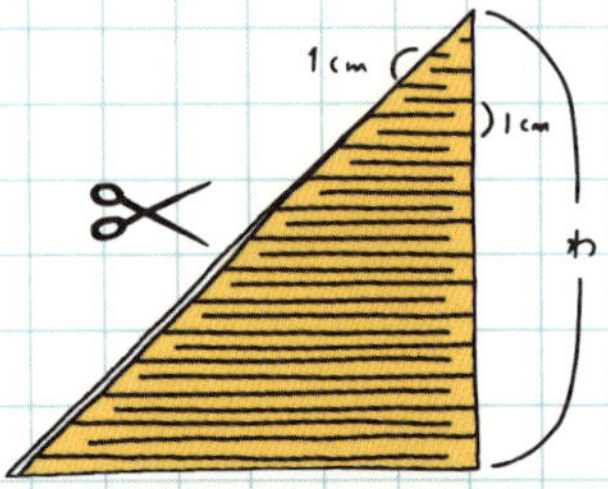

❷ さらにそのまた半分に折ってから、わが右に来るように置き、左右から細かく切り込みを入れる。

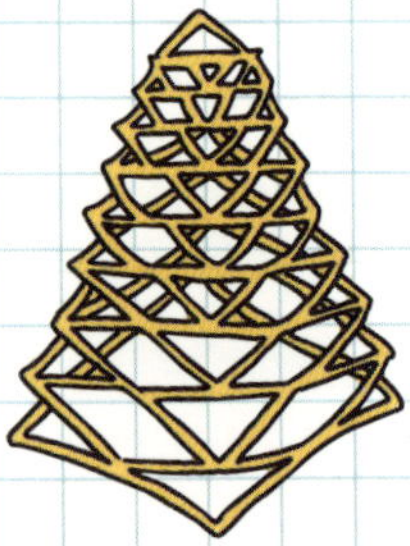

❸ もとの大きさまで広げる。中心をもって、各辺を下に引っぱればできあがり。

天の川に投げる網

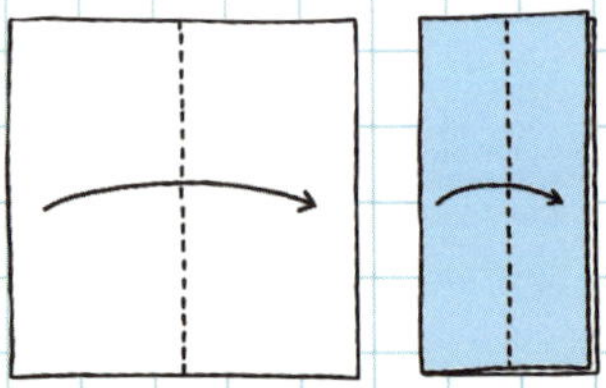

❶ 色紙を縦半分に折り、さらに半分に折る。

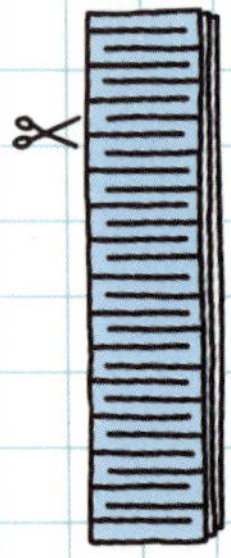

❷ ハサミで互いちがいに切り込みを入れる。

❸ 広げてのばしてできあがり。

日本のおもな竹

折り紙などの飾りはつければつけるほど縁起がいいとされているので、
七夕に使う竹は、笹がたくさんついているものを選びましょう。
竹やぶを持っている方にお願いして分けてもらうほか、ホームセンターやスーパーで買うこともできます。
プラスチックのイミテーションもあります。

金明竹《きんめいちく》

緑と金色が縦じまになった竹。「竹取物語」のヒロインかぐや姫が生まれたのは、金明竹という説あり。

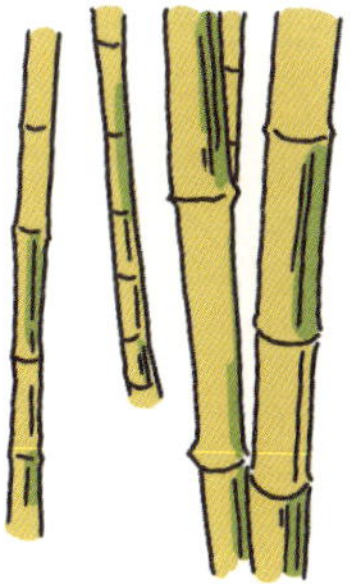

孟宗竹《もうそうちく》

食べるタケノコは、おもに孟宗竹の子。1日に1m以上も生育する、高く太い竹。江戸時代に中国から伝わる。

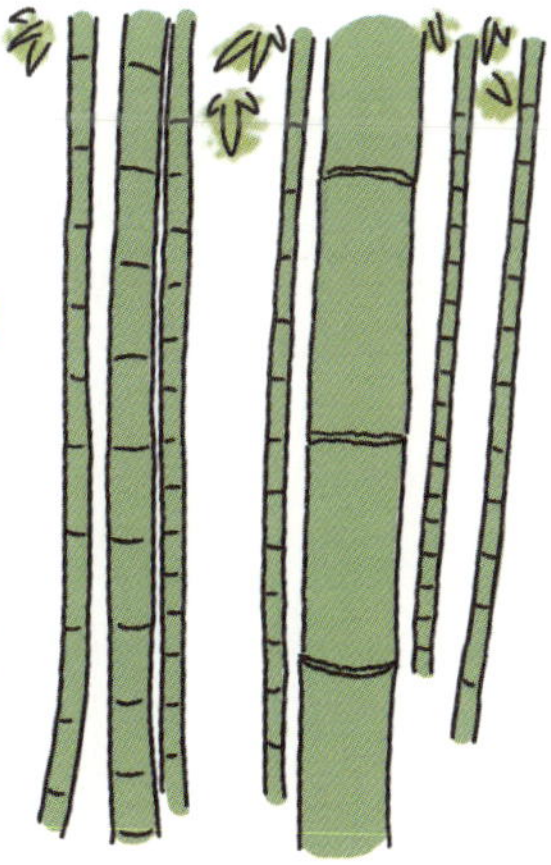

笹竹《ささだけ》

植物の分類では竹ではなく笹の仲間。七夕の笹といえばこちら。そのすがすがしい香りと、食べ物を包むと腐りにくくなるほどの殺菌力から、神社での魔除けの儀式や、土地のお清めにも使われる。

淡竹《はちく》

1500年ほど前に中国から渡来。細くしなやかで、美しい竹林を形成する。

真竹《まだけ》

カゴをはじめ竹細工に使われる細い竹。1879年にエジソンが電球を発明したとき、フィラメントに使ったのは、京都の真竹だった。

【注】

七夕飾りは、七夕の夜のためのものなので翌日には取りはずし、小さく切ってごみの日に出します。ただ、願いごとを書いた短冊は、近所の社寺へ持ちこめばお焚き上げしてもらえます。

【七夕の由来】

七夕の行事が遣唐《けんとう》使《し》によって伝わる奈良時代以前から、日本では機《はた》で布を織り、税としておさめたり、先祖の霊にささげたりしていました。機を織る乙女《おとめ》を棚機《たなばた》つ女《め》と呼び、棚機つ女が布を霊にささげるときは水辺に行き、神の宿る依代《よりしろ》としてその場に笹竹を飾ったそう。これが中国から伝わった七夕（中国では「しちせき」）と結びつき、日本の「たなばた」になりました。はじめは乞巧奠《きっこうでん》を宮中で真似するだけでしたが、時を経《へ》てお盆（→p136）や豊作祈願などと結びつき、風土に合わせてさまざまにアレンジされていきます。

全国の七夕祭り

笹飾りだけが七夕祭りではありません。全国には珍しいお祭りがいっぱい！

ねぶた祭り（八月二日～七日）青森県青森市

七夕の夜にケガレを人形に移して川や海に流したのが始まり。京都の文化が日本海を渡って伝来したという説もあります。「ねぶた」は「眠気をはらう」からきているそう。

仙台七夕祭り（八月六日～八日）宮城県仙台市

商店街が主催する七夕祭りとして有名。豪華絢爛（ごうかけんらん）な七夕飾りを見に、全国から観光客が訪れます。

七夕人形（八月六日）長野県松本市

家々の軒先に七夕人形を吊るして子どもの着物を着せて、厄払いします。全国でも珍しい七夕習俗。

精大明神例祭《せいだいみょうじんれいさい》（七月七日）京都府京都市

蹴鞠（けまり）の神様に蹴鞠を奉納後、地元の少女たちが、元禄時代の姿で七夕小町踊りを披露（ひろう）。

【まめ知識】

「月遅れの七夕」として、8月7日前後に七夕を行う地域が全国にあります。かつて、七夕は旧暦7月7日の行事でした。旧暦（→p8）は月の満ち欠けをもとにした暦で、旧暦の7月は今の8月ごろにあたります。そろそろ秋、七夕は初秋の行事だったのです。そのころの季節感でお祭りができるよう、ひと月遅れとして、8月に七夕を行うところが多いのです。

夏の星空観測

星は毎夜、少しずつ動いています。そもそも七夕伝説も、旧暦の7月7日に天の川をへだてて輝く星々が接近することから生まれたもの。旧暦の7月7日をカレンダーなどで調べて、もういちど七夕をしてはいかが。新暦の7月7日は梅雨のさなかですが、旧暦なら夜空も晴れてきれい。

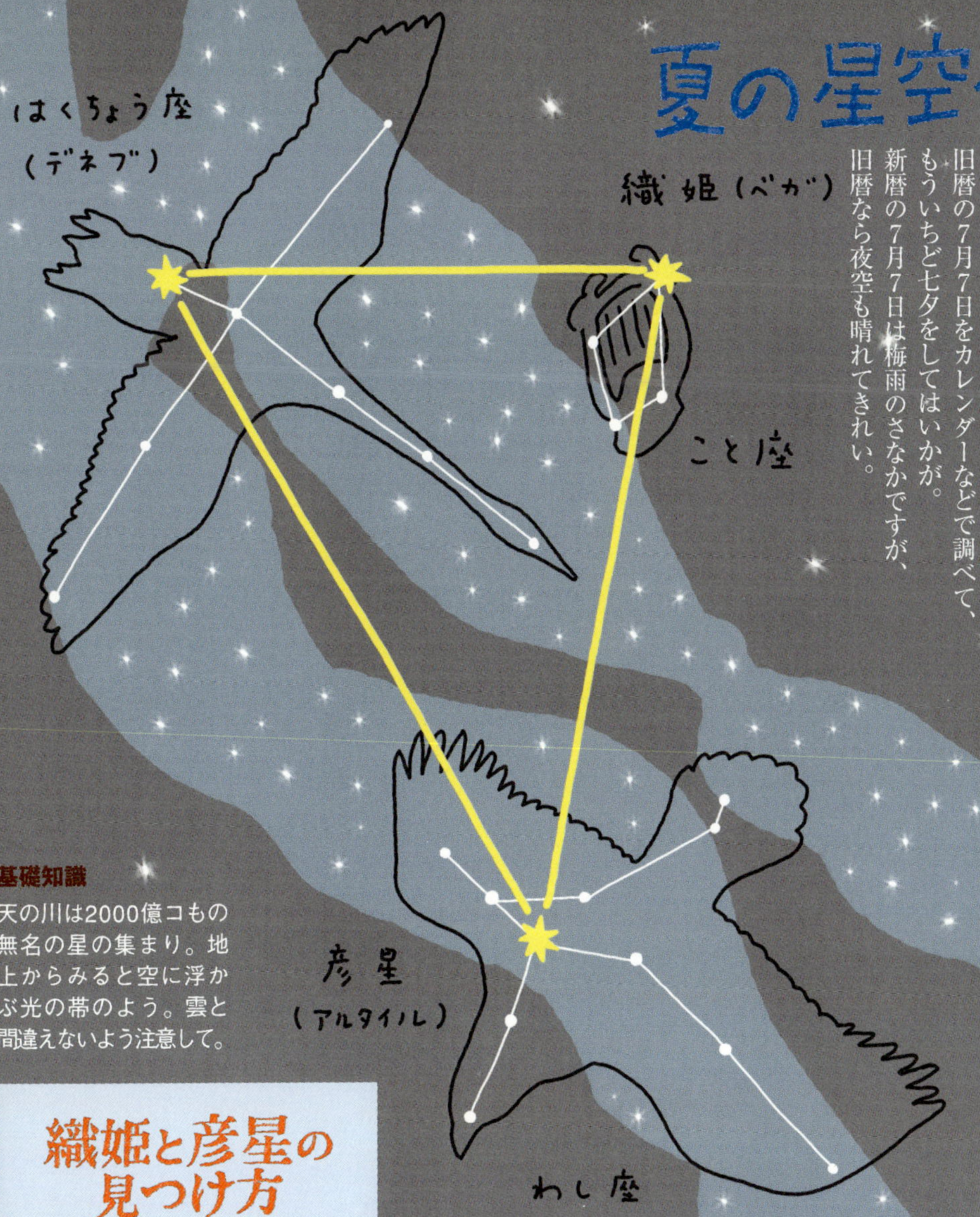

基礎知識

天の川は2000億コもの無名の星の集まり。地上からみると空に浮かぶ光の帯のよう。雲と間違えないよう注意して。

織姫と彦星の見つけ方

1 暗いところでよく目をならす。

2 東の空を見上げて、「夏の大三角形」を探す。明るい星で形作られた少し細長の三角形。天の川が見えたならその下側がわし座のアルタイル(彦星)、ななめ上にこと座のベガ(織姫)、少し離れてはくちょう座のデネブの3星。

3 どれが織姫のベガ？　ほかの1等星とくらべて青白く、明るく輝いている0等星。彦星は次の明るさ。デネブは3星のなかでいちばん暗い。(図は7月末夜9時ごろの空)

七月上旬に関東各地で

ほおずき市《ほおずきいち》

梅雨明けのころ、東京を中心に関東各地で立つほおずき市。江戸中期からの歴史をもつ浅草寺のほおずき市は、市の日にお参りすると、「四万六千日」ぶんお参りしたことになるそう。とてもおトクですね。

鳴らせる？ 鳴らせない？

ほおずきを買ったら……

陽あたりのいい窓ぎわに鉢を置いて朝晩水をたっぷり。買ったときは青かった実もどんどん赤くなっていき、夏じゅう楽しめます。

熟したら鳴らしてみよう！

1 真っ赤に熟れた実の、外皮を開いて実をもむ。

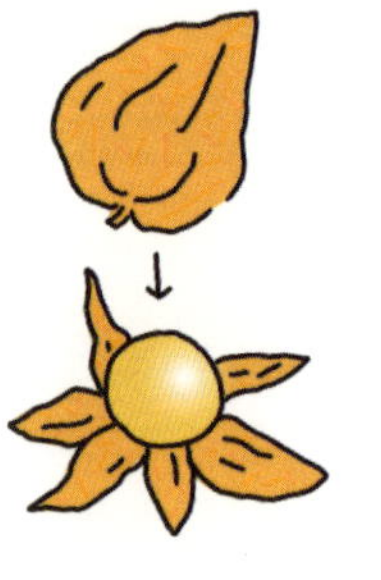

2 種がくるくる浮いてきたら、つけ根のところからねじるようにして実からひきはがす。

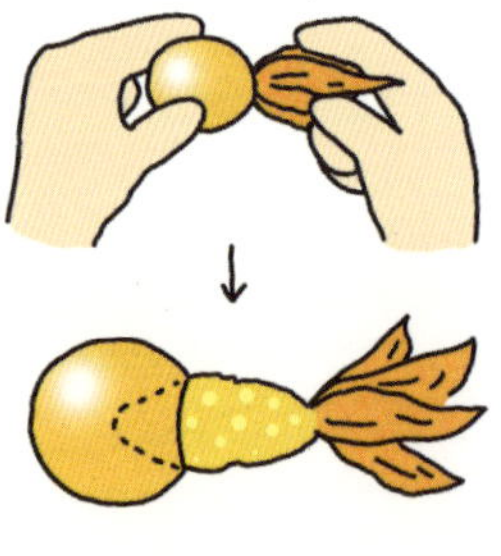

3 穴を下にして、上の歯茎と舌でギュッと空気をしぼりだすと鳴る。

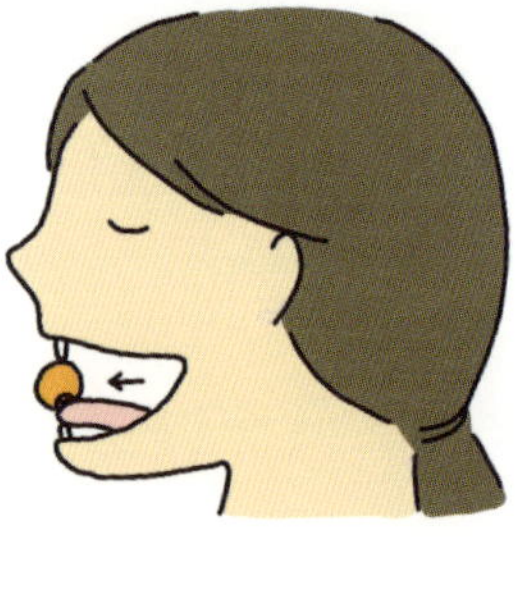

鳴らすときほっぺたがぷくっとふくらむから「ほお」「つき」→ほおずきと呼ばれるように。

まめ知識

漢字で「鬼灯」と書くほおずき。雷様が苦手な赤色は夏の雷除《よ》けであり、風鈴のような形は、お盆で先祖様の霊が帰ってくるときの道を照らす提灯《ちょうちん》になるそうです。土の中で茎をのばして増え、茎は煎《ぜん》じ薬にもなります。不眠や癇癪《かんしゃく》、子どもの虚弱《きょじゃく》に効くとされ、港区芝《しば》の愛宕《あたご》神社*の縁日で売られるようになったのが、市の始まり。

七月上旬

朝顔市《あさがおいち》

早朝にお出かけ

朝顔は日没から10時間後に咲く、体内時計をもっています。日が出るとしぼんでしまうので、花の色がわかる朝に出かけましょう。七夕をはさんで3日間行われる入谷（東京）の朝顔市は朝6時から開催。

朝は陽あたりの良いところ、夜は暗いところに置き、夜に明かりを照らして昼と夜を混乱させないよう気をつけます。水は夕方にたっぷりと。ときどき液体肥料をあげて上手に育てれば10月ごろまで楽しめます。

ほおずき市とならぶ夏の風物詩。朝顔市の朝顔は、青やピンクなど、3～4色の大輪の花がひと鉢に咲くように寄せ植えされています。きょうの朝顔は何色？　夏の早起きは朝顔チェックで決まりですね！

【朝顔市の由来】

原産地の中国では薬草扱いだった朝顔ですが、日本に伝わると、夏に眺めて楽しむ花として大ブームになりました。朝顔市の代名詞ともなっている入谷《いりや》の鬼子母神《きしもじん》の朝顔市は、明治初期からの歴史があります。朝顔作りの上手な植木屋さんが入谷に多く住んでいたことから始まりました。

朝顔　ヒルガオ科のつる草。原産地は中国。

昼顔　昼に咲き夕方しぼむ。アジア～アフリカに分布。

夕顔　ウリ科のつる草。実はかんぴょうの原料。

七月または
八月初旬から
十五日ごろまで

お中元《おちゅうげん》

暑いですがお元気ですか？ そんないたわりの気持ちをこめ、お世話になった人へ贈り物をします。先祖の霊を供養するお盆の日に、親類や友人どうしで供え物を贈りあった習慣がもとになっています。

夏のごあいさつ

いつ贈る？

季節のあいさつなので時期が決まっています。関東地方は7月初旬から7月15日まで、関西以西は8月初旬から15日ぐらいまで。関東では7月15日を過ぎたら「暑中お見舞い」とし、立秋（8月7日ごろ）を過ぎたら「残暑お見舞い」に変えるのが一般的（お歳暮→p202）。

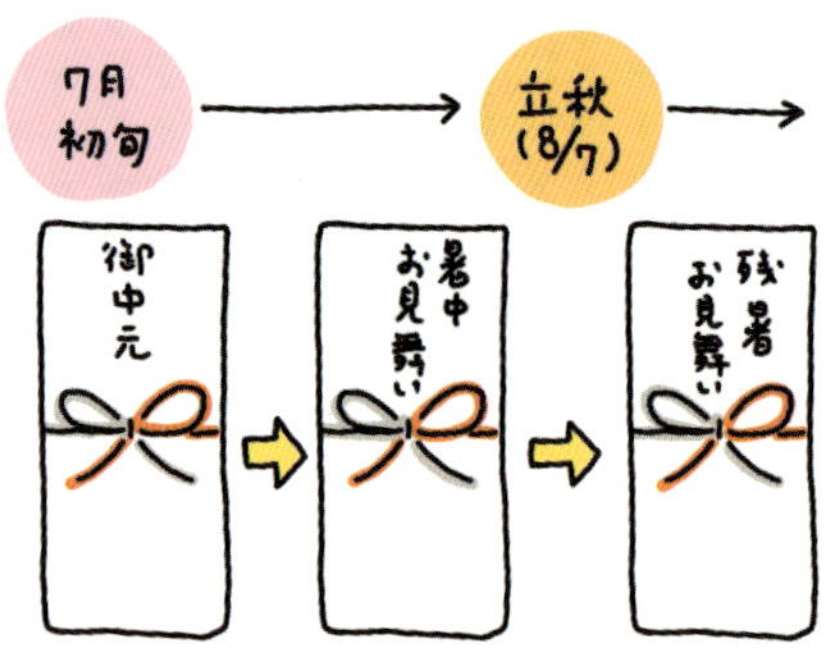

誰に贈る？

仲人、恩師、先輩、お得意先、両親など、お世話になった人。

最近は、デパートのギフトコーナーでお菓子のセットなどを見つけ、自分宛に贈る人も増えています。

ちょっと意味は違うけれど、新しいお中元の楽しみ方。

何を贈る？

もとはお盆のお供え物だったことから、食べたり使ったりすれば消えるものにします。

【注】

- ビール券や旅行券など金券類…お金を贈ることと同じなので、目上の人には贈らない。
- 靴などの履き物…「踏みつけにする」意味があるので贈らない。

訪問のマナー

本来、お中元やお歳暮は相手の家を訪ねて手渡すもの。お互いに時間が許せば訪ねてごあいさつしては？　訪問前に電話などで都合をうかがい、贈答品の用意をして、時間を守って訪ねます。

座ぶとんには、すすめられてから座る。相手の前で包みを解き、両手で差し出す。

お知らせのマナー

デパートなどから送るとき、送りっぱなしはよくありません。ハガキか手紙でお知らせしておきましょう。

拝啓
猛暑の候、いかがお過ごしでしょうか。

先日、○○デパートからこちらの特産のメロンをお送りいたしました。15日には到着予定です。

どうぞ皆様でお召しあがりください。

暑さもこれからが本番ですが、体調など崩されませんように。

これからもいっそうのご健康をお祈り申しあげ、ご挨拶にかえさせていただきます。

敬具

相手をねぎらい、季節のあいさつを添えることも忘れずに。

お返しのマナー

お中元やお歳暮にお返しは不要。だたしデパートなどから配送されてきた場合は、ハガキか電話で到着を知らせ、お礼をいいましょう。

届いたらすぐ連絡。ただし食事時間帯などは避けて。

【お中元の由来】

お中元の起源は、古代中国までさかのぼります。二千年以上も前、中国では正月15日と7月15日、10月15日を「三元《さんげん》」とし、上元、中元、下元と呼んで、庭で火を焚《た》くなどして、それぞれの神様をまつっていました。

- 上元（1月15日）……福をもたらす天神《てんじん》様
- 中元（7月15日）……人の罪を許す慈悲《じひ》神様
- 下元（10月15日）……災害をふせぐ、水と火の神様

なかでも7月15日は仏教のお盆の行事が行われていた日だったため、盂蘭盆会《うらぼんえ》（→p136）と結びつきやすかったようです。日本に伝わると、7月15日は先祖の霊を供養《くよう》する日となりました。江戸時代ごろから、親類や知人どうしで盆の贈り物をして、日ごろ、お世話になっていることへのお礼をする習慣が定着しました。

お中元を包む

丸いものも四角いものも大きなものも小さなものも……。
風呂敷は、包み方でガラリと表情が変わります。

ワインも包める

びん包み

中央にびんを置き、上と下の端を折る。首のところでタックを作ってから輪ゴムで止め、輪ゴムを隠すようにしてもう左右の2辺を結ぶ。

四角い箱を包む

お使い包み

風呂敷の2辺と垂直にして、真ん中に品を置く。上下の2辺の端を1辺ずつ箱にかぶせたら、左右の2辺を結ぶ。

下げて持てる

すいか包み

中央にすいかを置き、隣り合った風呂敷の角（端）を結ぶ。残りの端も同様に結び、一方の結び目をもう片方の結び目の輪に通す。

七月二十日ごろ

土用の丑の日《どようのうしのひ》

暑さをのりきる土用の知恵

立秋前の18日間(または19日間)を夏の土用といい、その間にめぐってくる丑の日を「土用の丑の日」といいます。暑い夏に向けてうなぎを食べたり、梅雨で湿った衣類を乾かす「土用干し」をしたりして過ごします。

うなぎを開いて甘辛く焼く蒲焼き。「土用のシジミは腹の薬」といわれるシジミのみそ汁と合わせれば完璧。

うなぎ

土用といえばうなぎ。肌によく疲労回復に効果絶大のビタミンA、Bがたっぷり。また、丑の日に「う」のつくものを食べると夏ばてしないとされています。ウリ、うどん、梅、牛など。

土用の虫干し

大切な衣類が夏をぶじに越せるよう、風にあて、陰干しします。昔は書物や掛け軸も干していました。

【土用の由来】

中国の五行説*、木火土《もっかど》金水《ごんすい》*を木＝春、火＝夏、金＝秋、水＝冬と四季にあてはめると、「土」があまりますね。そのあまりの季節を、立春・立夏・立秋・立冬前の約18日間にあてはめたのが「土用」。だから季節ごとに「土用」があり、昔は季節の変わり目にさまざまな禁忌《きんき》がありました。夏の土用の丑の日は梅雨明けと重なることが多く、覚えやすい時期です。

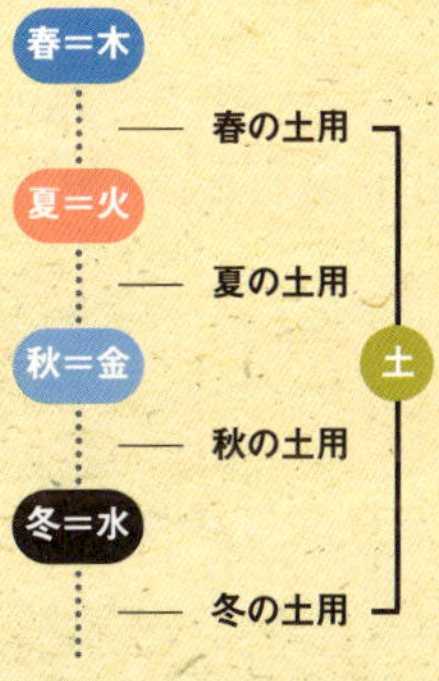

かんたんチャレンジ

ひつまぶし

1杯目はごはんとうなぎをでうな重風に、2杯目は薬味をいっぱい入れて食べ、
3杯目はだし汁を入れてうなぎ茶漬けに。
3度おいしい名古屋名物を作ってみませんか。

材料（2人前）

ごはん…茶碗2杯分
うなぎの蒲焼…1串（焼いたもの）
万能ねぎ…1～2本
わさび、のり、粉山椒…少々
だし汁
- 湯…2カップ
- 昆布茶…小さじ2
- 塩…少々

1. 焼き網かグリルでうなぎの表面をさっと焼く（タレが付いていれば塗っておく）。縦半分に切り、さらに1cm幅に切る。のりは千切りにし、万能ねぎは小口切り、わさびは溶いておく。

2. 茶碗にごはんを盛り、1のうなぎをのせて最初は粉山椒をふって食べる（1杯の儀）。次にのり・わさび・万能ねぎをのせて食べる（2杯の儀）。

3. さらに、あたためただし汁をかけて食べる（3杯の儀）。

【まめ知識】

関東と関西で全く違う、うなぎの蒲焼《かばや》き。関東は背開きにし、白焼きしてから蒸し器で蒸してタレをつけます。これは、武士文化の残る関東では「腹を開く」ことは切腹を意味し、縁起でもないことだったため。一方、関西は商人文化なので、「腹を割って話せる」ことはよいこととし、腹開きにします。腹開きの関西は背の皮の香ばしさが楽しめ、背開きの関東はいったん蒸しているので、口に含んだとたんとろけそうにやわらかです。

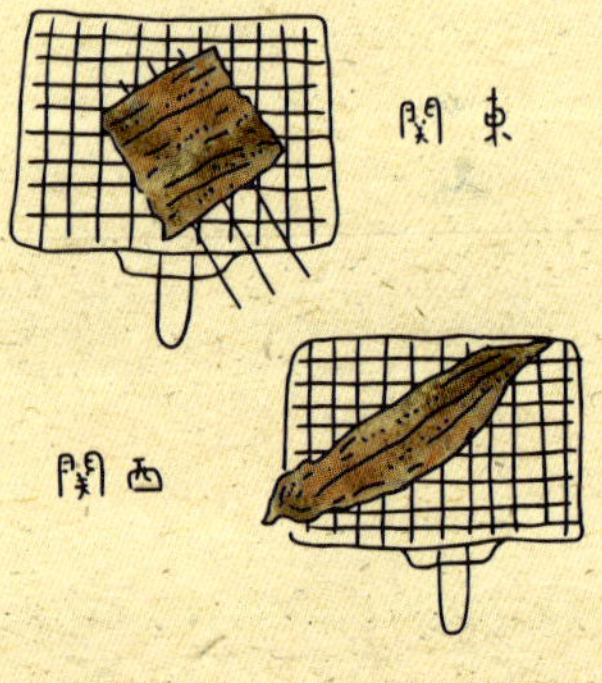

かんたんチャレンジ

丑湯《うしゆ》

丑の日に丑湯に入るのは、無病息災のおまじない。といってもふつうのお風呂ですが。

毎日入浴できなかった時代は、丑の日のお風呂は特別にさわやかなものだったようです。

江戸時代ごろは、桃の葉を入れる桃湯を丑湯としていました。

用意するもの
お気に入りのハーブ、薬草など

1. 生の茎や葉を水洗いして、適当に刻むか、そのまま布袋に詰める。浴槽に入れ、水から沸かす。給湯式なら蛇口の真下に袋を入れ、香りを出しながら給湯。

コツのコツ
布袋のかわりに編み目の細かい洗濯ネットやお茶用パックも可

2. 袋をよくもんで、薬草の成分を出しながら入る。

おすすめの丑湯ハーブ

● **ドクダミ**　日本三大薬草のひとつ。夏のあせもや湿疹に効く。庭や露地に生えているドクダミの葉を刻めばかんたん！

● **桃の葉**　日焼けした肌の炎症をしずめます。葉は通信販売でも取りよせられます。

● **緑茶**　緑茶パックか、茶葉をたっぷり詰めた袋をお風呂に入れます。緑茶のサポニンとカテキンが、夏の暑さで広がった毛穴をスッキリ引きしめます。

七月二十三日ごろ

大暑《たいしょ》

大暑って？

これ以上ない暑さ。空には入道雲がわきかえります。きょうは夕立かな？

この日から立秋（8月7日ごろ）までの15日間を大暑といい、ちょうど暑さが最高潮に達するころです。どんなに暑くとも、大暑を過ぎればもう「残暑」。体に気をつけて、夏を満喫しましょう。

暑中見舞いを書こう！

暑中見舞いは立秋までに相手に届くように出します。
「暑いね～」だけではヤマトナデシコがすたるかも。こんな表現はいかが？

- ●盛夏（せいか）
  梅雨が明けて夏本番。
- ●炎暑（えんしょ）
  夏が最後の力をふりしぼっているような暑さ。
- ●夏深し
  暑い盛りのうちにも秋が感じられるころ。
- ●冷夏（れいか）
  夏とは名ばかりの涼しい夏。米不足が心配？

セミで知る夏のゆくえ

- ●ニイニイゼミ
  梅雨明けころからいっせいに、「ニ～ンニ～ン」と鳴く。
- ●アブラゼミ
  海に入れるころ、「ジー……ジリジリジリ」と鳴く。
- ●クマゼミ
  夏の盛りであらわれ、「シャーシャー」と大合唱。
- ●ヒグラシ
  早朝か日暮れに、「カナカナカナ」と鳴く。夏休みの終わりを告げる。

薬味ざんまい

料理の味を引きたて、薬効成分をプラスするのが薬味。
夏バテ防止にもひと役！

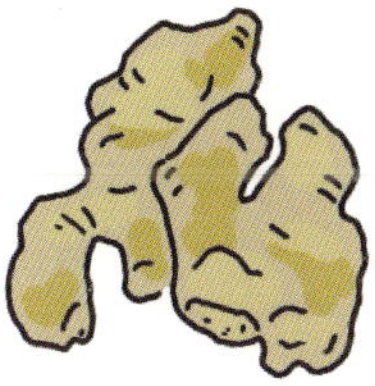

しょうが

すりおろしや針しょうがに。殺菌力が強く、肉などたんぱく質の消化吸収を高める。体をあたためる効果もあるので、冷房や冷たい飲み物で冷えた体にぜひ。

にんにく

強烈な匂いだが、疲労回復に効く。しょう油や酒に漬けこめば一年保存可。

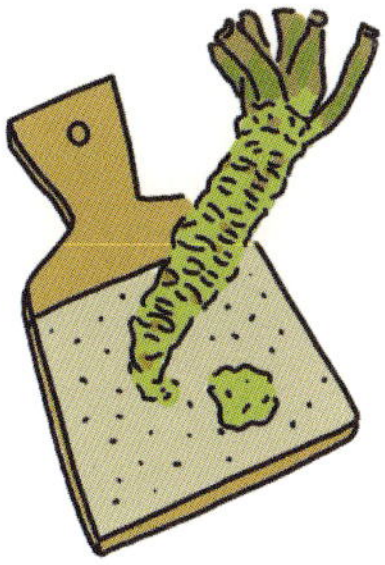

わさび

辛みと苦みが食欲をそそり、食中毒防止にも。刺身など生ものには必須。

唐辛子

生の唐辛子は、脂肪を燃焼させるカプサイシンが豊富。赤より青が辛め。

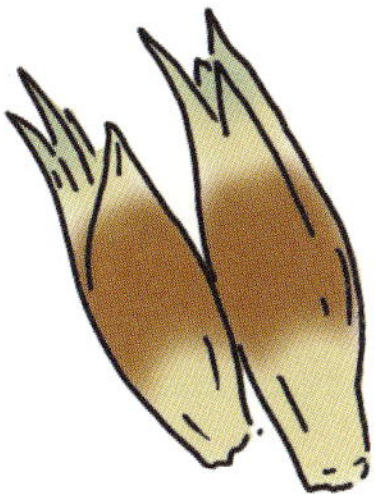

みょうが

しゃきしゃきした歯ざわりが特徴。熱いみそ汁やそばなど、めん類とともに食べるとさわやか。

ねぎ

ビタミンの吸収を高める。そうめんや冷や奴などに、たっぷり刻んで入れて。

大葉(しそ)

刺身のツマや天ぷら、めん類の薬味に。すがすがしい香りが食欲をそそる。

すだち

半切りにして、果汁を絞りかけたり、果皮をすりおろしたりして使う。

涼《りょう》を呼ぶ風と水

太陽が真上から照りつけても、風が吹いてくるとホッとします。氷を浮かべた冷たい飲み物は、見るだけでもスッと汗が引きます。高温多湿の日本では、風や水で涼を呼びこむ工夫が重ねられてきました。

風鈴（ふうりん）

風鈴を発明した国は中国。千年以上も前、竹林に下げて風の向きや音の鳴り方で吉凶を占った占風鐸《せんぷうたく》が始まりです。やがて仏寺が「鳴っているあいだは災いが起こらない」として東西南北すべてに吊り下げるよう

になり、仏教習俗とともに日本に伝わりました。今も風鈴には富士山や金魚など縁起のよい柄が描かれ、家の鬼門《きもん》*に吊り下げると厄払いできるとされています。

たらい

誰もがお風呂に入れるようになったのは、つい最近のこと。江戸時代までは、お風呂につかることは、庶民のぜいたくのひとつでした。それまでは、たらいに湯や水を張り、手ぬぐいでキュッとしぼって体をぬぐっていたのです。

夏のたらいは冷んやりした金だらい、雑菌がつきにくいホーロー、香りのいいヒノキ製などがおすすめ。水と氷を浮かべてスイカを冷やしたり、洗いものをしたりするのに便利です。

江戸うちわ、京うちわ

花火大会など、夏のイベントでも配られるうちわ。玄関に飾ったり、ゆかたの帯にはさんだり、風を送ったり。京うちわ、江戸うちわなど幾つもの種類があります。ちなみに「左うちわ」は、利き手でない左手でゆっくりあおぐことから、あくせく働く必要がないこと。「左側から召使いにあおってもらうこと」と勘違いしている人も多いかもしれません。

八月

葉月◆はづき

葉の落ちる月。ひと足早い、旧暦の秋

残暑お見舞い
もうしあげます。

八月一日

八朔《はっさく》

八朔はたのみの節句

八は8月、「朔」は1日。旧暦の8月1日のこと。新暦では9月上旬にあたり、ちょうど稲穂が実るころなので、「田の実の節句」をする地域もあります。徳川家康が江戸入りした日でもあるので、江戸時代には正月と同じくらい大切な日とされていました。

八朔祭

豊作と、台風の被害がないことを祈る祭りです。「田の実」は、神様への「頼み」をかけた言葉。お酒を田んぼにまいたり、米の団子を作ったりします。

八朔の白無垢《しろむく》

江戸時代、8月1日には大名が白装束で登城。これにならい、吉原の遊女たちも白無垢でお座敷へ。こちらは「八朔の雪」とたたえられました。とはいえこの時期、きっと大変な暑さだったでしょう！

「たのみ」で贈りもの

京都では、踊りの師匠やお茶屋へ、舞妓さんが盛装であいさつまわり。「これからもよろしく」と「頼み」、師匠や恩人に贈り物をする風習からきています。今でも受けつがれています。

【まめ知識】

口がすぼまるほどすっぱい八朔《はっさく》。一説には、江戸の終わりに広島で発見され、それを見つけた住職が「八朔（8月1日）には食べられる」とつぶやいたことから付いた名とか。ちなみに八朔の旬は真冬です。旧暦でも8月1日はまだ9月初めなので住職の予測はハズれましたが、「八朔」という名は残りました。

八月七日ごろ

立秋《りっしゅう》

はや秋。

きょうから処暑（8月23日ごろ）までをいいます。「暦のうえでは秋ですが」というおなじみのフレーズが、テレビなどで聞かれる日。立秋に入りたてのきょうは暑さもまだまだピークです。

秋のきざしは空の上から。イワシ雲が早く出た年はイワシが豊漁になるそう。

打ち水の日

*地球温暖化によって、秋を感じられる日が短くなりつつあります。少しでも食い止めるため、各地で打ち水が呼びかけられています。大暑、立秋、処暑の前後にいっせいに打ち水をして、地球の温度を下げようというもの。

水不足になっては大変。雨水やお風呂の残り湯を使ってね！

クラゲに注意

立秋を過ぎると、海にクラゲが漂いはじめます。毒性の強いクラゲもいるので、海水浴は立秋の前までに楽しむようにしましょう。まんいち刺されたら、すぐ病院へ。

八月十三日～八月十六日

お盆《おぼん》

お盆は夏休み

お盆のころに畑に耳をつけると、ゴーッという、地熱のわくような音がするそう。地獄のフタが開いて霊が飛び出してくるので、仕事をしてはいけない日とされました。

盂蘭盆会《うらぼんえ》

お盆は正確にはウラボンエ。ちょっと異国的な響きなのは、ペルシャ語の「ウラヴァン」(霊魂)が、シルクロードを渡って日本に伝わった語だから、という説も。仏教*を開祖した、インドのお釈迦様の弟子が、地獄に落ちた母親を救うため、7月15日に霊を供養したのがそもそもの起源です。

先祖はナスの牛に荷物をのせ、キュウリの馬に乗って帰ってくるという。

祖先の霊を迎える日。昔、亡くなった人は7月の15日に帰ってくるとされていました。新暦では8月の半ばにあたるため、昔の季節感そのままにできるよう、8月半ばに行うところがほとんどです。会社も学校も休みになって、家族がそろいます。

迎え盆

墓参り(→p53)から帰宅したら玄関にほうろくの器を置き、オガラか稲ワラを焚(た)く。外から内に入るように火をまたぐと、先祖の霊を迎えたことになります。

迎え火。このときのオガラの灰をタンスに入れておくと、服に困らないのだとか。

火を焚くことのできない家では、電気のちょうちんを軒先に下げれば霊をお迎えできる。

【まめ知識】

日本で最初にお盆を行ったのは推古《すいこ》天皇で、今から1400年も前の飛鳥《あすか》時代です。長い間、貴族や僧侶《そうりょ》だけが行う特別な行事でしたが、江戸時代に入ると、ろうそくや提灯《ちょうちん》が大量生産されたこともあって、一般の人々の間に定着しました。職人や商店に仕《つか》える奉公人には、正月のほかには、お盆しか休みらしい休みがなかったようです。

8月16日夜の京都の「五山(ござん)送り火」は、室町時代ごろから続く精霊送り。京都を囲む五山に「舟形」「妙法」「大文字」「左大文字」「鳥居形」を型どった火を燃やす。

精《しょう》霊《りょう》送り

お盆の最後の日、海や川にお供え物や舟を流して霊を送ります。夜は火を焚いたり踊りを踊ったりして別れを惜しみます。

お盆カレンダー　7月または8月
(地域により違いがあります)

日付	名称	行事
7日	7日盆	墓を磨いたり掃除したりする。
12日	草の市	市で花やろうそくなどを買う。
13日	迎え盆	盆だなをしつらえる(→p 138)。墓参りに行き、その帰りに玄関で迎え火を焚いて霊を迎える。
15日	*藪(やぶ)入り	外に出ていた家族が帰省。ゆったり過ごし、親戚の盆だなへお参りに。霊が「里帰り」して地獄にいないので、地獄番の鬼もお休み。
16日	精霊送り	ちょうちんや盆だなを片付け、送り火を焚く。

地《じ》蔵《ぞう》盆《ぼん》

関西地方で盛んな、子どもが主役のお盆。8月24日ごろお地蔵を清めてから着飾らせて、花やお菓子などを供えます。お地蔵は子どもたちの守り神。

盆だなの作り方

お盆の期間は盆だなを作って、先祖の霊を迎えます。
地域や家によって作り方はさまざまですが、そのひとつがこちら。

笹竹を四方に立て、縄*を張りめぐらして結界を作る。

キキョウ、ユリなどの盆花。先祖の霊は花に宿って家にとどまる。

線香をくゆらせて清める。

季節のくだものや野菜、砂糖菓子、そうめんなどを供える。

ほおずきを吊るす。ほおずきは先祖の道を照らすちょうちんがわり(→p 122)。

先祖の位牌(いはい)を並べる。

ナスとキュウリの精霊馬(しょうりょうま)を供える。

水を入れる。季節の野菜を刻んで供えるところも。

かんたんな盆だなの作り方

和紙かランチョンマットの上に花瓶と水、割り箸をさした精霊馬をお供え。好きなアロマオイルやお香を焚けばOK！

なぜか切ない盆踊り

太鼓や笛にのって踊り、
霊を送りだす盆踊り。
ヤグラを囲んで輪になったり、
踊りながら町中を流していきます。
来年まで会えない、
祖霊になった人々との
別れを惜しむ踊りであり、
夏の終わりを惜しむ踊りでもあります。

【盆踊りの由来】

仏教が興《おこ》ったインドでは、仏様を供養するのに、お経を唱えながらそのまわりをぐるぐる回っていました。これが盂蘭盆《うらぼん》の行事と結びつき、精霊を迎えるにあたって、輪になってお経を唱えながら踊るようになったといわれています。盆踊りそのものは日本独自のものですが、世界には、やはり輪になって踊る、お祭りのときの踊りがたくさんあります。

どの地方の踊りも同じリズムの繰りかえしが多く、踊っているうちに気持ちが高まっていく。見ているだけじゃツマラない。踊ってみよう！

140万人が繰り出す日本最大規模の盆踊り、阿波踊り（徳島）の場合

昔、阿波（あわ）と呼ばれていた徳島県に伝わる盆踊りだから「阿波踊り」。今では東京の高円寺ほか全国各地で行われています。

顔を出せない分、手が勝負。ひらひらとしなやかに振る。

女性は笠をかぶる。帰っていく精霊をあらわすためという説あり。「夜目遠目笠の内」とは、笠からちらりと見える顔のほうが、あらわにした顔よりきれいという意味。

右手を出すとき右足も出す。西洋のダンスとはまったく逆の、*ナンバスタイル。

歩幅を小さくするため、内股（うちまた）ぎみ。

八月に全国各地で

夏祭り《なつまつり》

祭りだ ワッショイ

8月は全国各地の自治体、神社仏閣、商店街が夏祭りを開催。有名なお祭りもよいけれど、地元のささやかなお祭りも見逃せません。各自治体のホームページや市の広報紙でスケジュールをチェック。

神輿《みこし》

神様がのる乗り物。神社から出発し、街中を練り歩いて神社に戻ります。担ぎ手は*氏子（うじこ）や地元の町内会員、青年会メンバーなど。

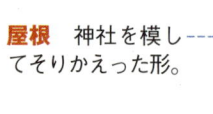

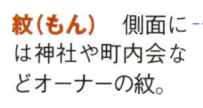

屋根　神社を模してそりかえった形。
鳳凰（ほうおう）　中国の伝説に出てくる、不老不死の幻の鳥。
紋（もん）　側面には神社や町内会などオーナーの紋。
飾り綱　紫や金色の網で華やかさをアップ。

祭り太鼓

神輿の*宮出し、宮入りのときなどに鳴らす。人間の喜怒哀楽を力強く表現。古来から、祭りのときはもちろん、武将の士気を高めるため、戦いのときにも叩いたそう。

祭り囃子《ばやし》

屋台や山車（だし）の上で鳴らして神に奉納。笛や太鼓、鉦（かね）、鼓（つづみ）など。数百年かけて地域に伝わっているお囃子も多い。

夏の終わりは線香花火で。

4つの花を見せて散っていく花火。

▲点火してすぐパッと赤い玉がぶらさがる「ぼたん」

▼

▲ちりちりと火が飛びちる「松葉」

▼

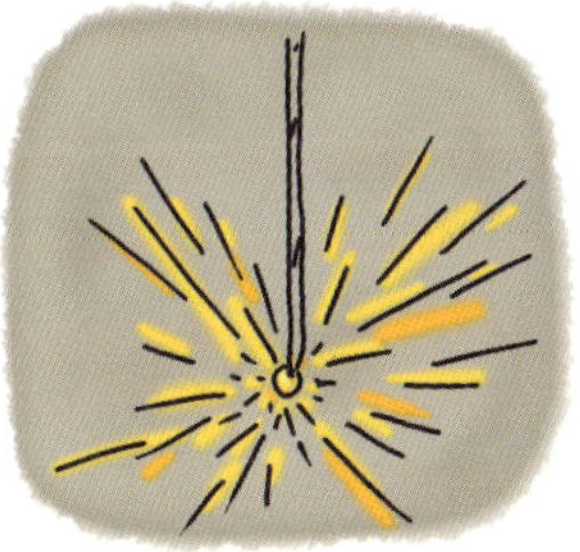

▲少しおいて線状の火が流れるようにちる「柳」

▼

▲終わりかけの「散り菊」

夜店の楽しみ

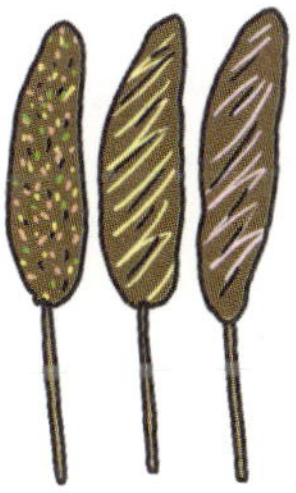

チョコバナナ

熟したバナナにチョコがかかって極甘がうれしい。

焼きそば

王道はソース味。外で食べるとなぜかおいしい。

お面

お祭りの夜は何にでも化けられる。

金魚すくい

丸い枠に金魚をひっかけて入れると破れにくい。

わたあめ

ふわーっと大きくふくらんで、食べるとすぐなくなる。

水ヨーヨー

水の中でくるくる回ってきれい。いくつ釣れるかな？

あんずあめ

舌を真っ赤にして食べる。「あかんべー」で赤さを自慢しあうのも楽し。

吹き戻し

吹くとスルスルのびて、ピーッと鳴る。巻笛、ヘビ笛と呼ぶ地方も。

かんたんチャレンジ

ゆかた夏帯《なつおび》

子どもに着せる

夏祭りには浴衣で。子どもの浴衣はつけ紐がついているのでかんたん！

1 足を開いて立たせる。背中心の縫い目が背中の真ん中にくるようにはおる。

2 前を向かせて衿を合わせる。

コツのコツ
喉のくぼみが隠れるくらい深く合わせてもかわいい

3 つけ紐を後ろで交差し、前に持ってきてひと結び。

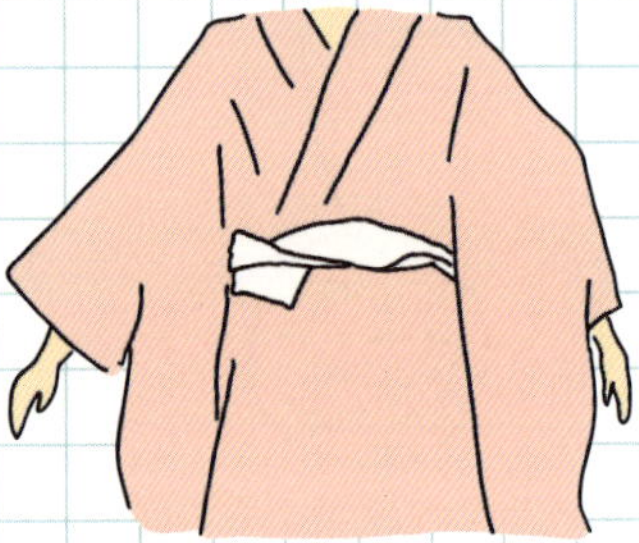

4 両端を逆に回し、余った部分は腰に巻いた紐にそって挟みこむ。この上から帯を結ぶ(→p 143)。

かんたんチャレンジ

ゆかた夏帯《なつおび》

兵児帯を結ぶ

兵児帯(へこおび)は大人も子どもも同じ結び方でOK。

1 帯の真ん中をおへその前に合わせてから後ろに回し、交差させてから前に回す。

コツのコツ
子どもはなるべく腰高で結ぶ。男性は逆に低めの位置で結ぶと安定する

2 前でキュッとひと結びしてから、下にした右側の端を輪にする。

3 輪になったほうを左に倒して、左側の帯をかぶせる(蝶結びの片方になる)。

4 かぶせた帯を下から回して結び目から引きぬき、蝶結びを作る(男性も蝶結びが基本。ただし、短い帯なら、引きぬかないでひと結びにしてもステキ。

5 蝶結びを、ぐるっと背中に回してできあがり。

コツのコツ
必ず時計まわりに！反対に回すと浴衣が着くずれます

マジックテープタイプの伊達(だて)締めやコーリンベルトを使えば、すっきり着られます。大人が着るなら、下着もつけたほうが安心。

夏の風物詩——百鬼夜行《ひゃっきやぎょう》の妖怪たち

エアコンのない時代、寝苦しい夏の夜にはお化けの話をして、さむ〜い気持ちになる遊びがはやりました。自分たちの話をされると、気になって出て行きたくなるのは人間と同じ? 今も、すぐそこまで来ているかもしれません。

天狗《てんぐ》/風を起こし、夜は山を歩く人めがけて石を落とす。中世期、修行が足りなかった僧が化けたといわれています。

河童《かっぱ》/川に棲《す》む妖怪。岸から岸へ渡ろうとする馬や人を川に引きこむ。よい人には、水田の水をいっぱいに満たしてあげるなど、親切な一面もあります。

化け猫/うらみをもっていると成仏できずに、天井に布団の中にと、わらわら出てきます。猫をいじめると、あとがコワイ!

踊り首/誰もいないさびしい夜道に、女の人や、首を切られた武者の顔がふわふわ浮きます。

座敷童《ざしきわらし》/東北地方に伝わる。座敷をホウキで掃く音がしたり、子どもの笑い声やパタパタ走る音がしたり。こちらは家を栄えさせる、子どものよい霊。いなくなると貧乏になるそう。

かいなで/京都に伝わる。夜、トイレに入っているとあらわれる手だけの霊。「赤い紙やろか白い紙やろか」ととなえると逃げていく。

一反《いったん》もめん/夜道を歩いていると、白い長い布がふいに降りてきて、首に巻きつく。風呂敷が襲うとする地方もあります。

九月

長月◆ながつき

秋の夜長。月も冴える

台風一過の空は
抜けるような秋晴れです。

九月一日ごろ

二百十日《にひゃくとおか》

暮らしと風

風には「はやて」「つむじ風」など、漁師や農家の人がつけた名が2000以上もあります。「南風号」など、船にもよく風の名がついていますね。

野の風 — 野分《のわき》

昔、台風のことは野分といいました。野の草をぼうぼうと吹きわけていくイメージから。今は、台風の襲来も、去っていくのも、気象情報が教えてくれます。早めにチェック。

山の風 — おろし

山から吹いてくる冷たい強い風のこと。山によって、富士おろし、六甲（ろっこう）おろしなどの名がついています。

空の風 — 雁渡《かりわた》し

雁が渡ってくる9月から10月に吹く北風。このころ、雁はグワァ、グワァと鳴きながら、南方へ渡っていきます。

なぜ「210日」が厄日？ 米ごよみでチェック

立春（2月4日ごろ）から数えて210日目をいいます。台風に見舞われるころなので、農家では古くから厄日とし、風をしずめる祭り（↓p156）を毎年行ってきました。学校では新学期がスタート。

米ごよみ（地域により違いがあります）

季節	月	米とのかかわり
冬	11～3月	肥料を入れて土を肥やしておく。
春	4～5月	水田を耕して苗を植える。
梅雨	6月	元気に育つよう、雑草を抜き、病害虫を退治。
夏	7～8月	夏の太陽を浴びて穂がすくすく育っていく。
初秋	9月	穂が外に出て、モミからおしべが顔を出す。
秋	10月	いよいよ刈り取りです！

この時期に台風が来たら大変！

防災の日《ぼうさいのひ》

備えあれば憂いなし

大正12年（1923年）、9月1日に発生した関東大震災の被害を忘れないため、そして秋に集中する台風への心構えを促すために制定された日。全国的に避難訓練が行われ、防災用品が店に並びます。

非常持ち出し袋を点検しよう

□**ラジオ**――避難情報をキャッチ。ハンドルを回せば充電できるタイプが便利。

□**懐中電灯**――充電式でないものは球切れ、電池切れをチェックしておく。

□**水**――飲料水。たためるウォータータンクもあると、くんで持ち運べる。

□**非常食**――乾物、缶詰類。火や電気ナシであたためられるものも用意。

□**固形燃料**――着火用のマッチ、ライターも一緒に用意。

□**万能ナイフ**――カッターや缶切り、栓抜き、ハサミなどがセットになったもの。

□**スリッパ**――とっさのときの靴がわりにもなる底が丈夫なもの。

□**防寒用具**――軽い毛布、保湿シート、携帯カイロ、セーター、手袋、帽子など。

□**救急用具**――ガーゼ、傷バンド、消毒液、常備薬、マスク、包帯など。

□**洗面用具**――タオル、ティッシュ、濡れティッシュ、ビニール袋、歯ブラシなど。

□**貴重品**――現金、身分証明書、ハンコ、貯金通帳、アドレス帳など。

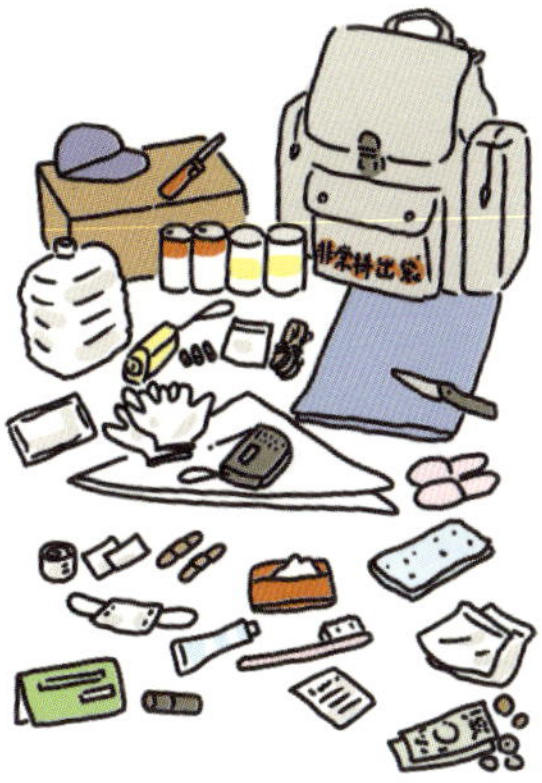

詰めただけで安心してはダメ。玄関などすぐ取り出せるところに置いておく。

非常食は定期的に食べて入れかえます。防災の日をその日にすると忘れない！

災害時に家族が一緒にいられるとはかぎりません。連絡方法や避難経路、待ち合わせ場所を確かめておくことも大切。

九月九日

重陽の節句《ちょうようのせっく》

菊湯、菊人形、菊枕……菊をさまざまに用いて長寿を祈る節句。五節句のひとつで、「菊の節句」とも呼びます。9月9日を「おくんち」と呼び、収穫祭を行う地域もあります(→p156)。

菊香る九日

菊慈童《きくじどう》

昔、中国で菊慈童という名の子が、菊の露が集まって川となっているところを見つけました。手をさしいれて飲んでみると、*甘露のような、えもいわれぬ味わい。子どもは仙人となって700歳まで長生きしたそうです。

京都の嵐山の法輪寺では、故事に基づいた「菊慈童」という能を9月9日に奉納。

老いせぬや 老いせぬや
薬の名をも菊の水～

少年のままに700年生きたという、不思議な菊慈童。

被綿《きせわた》のおまじない

平安時代の貴族たちは、菊を観賞したり、菊酒を飲んだりして、香りを楽しみ長寿を願いました。8日の夜には菊に綿をかぶせて夜露や香を移しとり、翌朝にその綿で体を拭いたそうです。

白菊には黄色、黄色の菊には赤を、赤い菊には白の真綿を着せる。夜露を移した綿は、どんなにさわやかな香りだったことか。ちなみに当時の貴族の平均寿命は40〜50歳と短い！

【重陽の節句の由来】

中国では奇数は陽数《ようすう》と呼ばれます。*陰陽道《いんようどう》によれば、奇数は陽の数、偶数は陰の数。9はひとケタの奇数でいちばん大きい数なので「陽の極《きわ》みの数」、そして9月9日は9がふたつ重なるため、めでたい日となりました。「重陽」とされ、その強い香りで邪気をはらうとされた菊を行事に多く使ったため、「菊の節句」とも呼ばれるようになったのです。

9/9

菊づくし、わが家の重陽

菊の花は肌や目によいビタミンA、Bがたっぷり。抗菌作用も高いので、風邪の漢方薬にも使われています。5月の菖蒲に対して、9月の菊があるのでしょう。ぜひ使ってみて。

菊枕《きくまくら》

乾かした菊花か、生花を袋に包んで枕もとに。頭や目の熱を冷ましてくれ、ぐっすりと眠れます。

菊花茶《きっかちゃ》

白や黄の菊の花から作るお茶で、中国産が有名。お湯をさして飲むだけで、疲れ目や熱に効きます。さわやかな香りにリラックス効果も。

菊酒《きくざけ》

菊の花をお酒に浮かべるだけでも風流。でも、菊のエキスを抽出した菊酒なら来年まで楽しめます。密封瓶に、花びらとその10倍の量のホワイトリカー、好きな量の砂糖を漬けこめば、ひと月くらいで飲みごろに。

菊人形、菊花展

秋も深まりはじめると、あちこちで見かけるのが菊の展覧会。町民が豊かになった江戸時代ごろから、大輪を咲かせる菊作りがブームになったそう。菊は丹精しがいのある花なので、菊作りは今も盛ん。

おくんち

重陽は秋の収穫祭も重なっており、旬の栗や栗ごはんを食べるため「栗の節句」ともいわれています。また、「お九日（くんち）」にナスを食べると中風（ちゅうぶ）にかからないとする地域もあります。ナスは血圧を下げる効果があるので、高血圧を予防することにもなったのでしょう。

【まめ知識】

桃の節句（3月3日）や端午の節句（5月5日）と比べ、重陽の節句が今ひとつ影が薄いのはなぜ？　旧暦では9月9日は10月にあたるため、新暦では秋らしさに足りないこと、菊がまだ盛りでないこともあるようです。菊花展も、新暦の9月9日に行うところもあれば、10月から11月の晩秋に催す地域もあってさまざま。おうちで菊の節句をするなら、旧暦の9月9日にしてみては。菊の花も美しく、ナスも出盛りです。

重陽の祝い膳

重陽の節句は秋の収穫祭も重なっており、栗や栗ごはんを食べる、「栗の節句」でもあります。
ホクホクの栗ごはんと冷たいナス、そして菊のおそうざいで初秋の祝い膳を。

春菊は秋から冬が旬

菊と春菊の吸いもの

1 春菊は洗って根元を切り落とし、2cm長さにザク切り。

コツのコツ
中火でサッと。火を通しすぎないほうが香りが出ておいしい！

2 鍋に昆布だしを入れて熱し、1と菊花を入れ、塩少々としょう油で味をととのえる。

市販の甘栗を使えばかんたん

栗ごはん

1 米1合あたり4～6コの甘栗（むいたもの）と、1合あたり小さじ1の塩を入れ、栗の分だけプラスした1割増の水を入れて電気釜で炊く。

2 炊きあがったらしばらく蒸らし、米と栗をさっくり混ぜて。黒ごまをふってもよい。

栗ごはんを炊いているあいだにナスを焼く→ナスを冷蔵庫で冷やしているあいだにおひたしを作る→お吸いものを作る→おひたしにしょう油をかける。

苦みのない食用菊を用いて

菊花のおひたし

1 花びらは酢少々を入れた熱湯でさっとゆでる。ざるにあげて水気を切り、しょう油かカラシじょう油でいただく。

秋ナスはシンプルに

焼きナス

1 ナスはガクの周りに浅く切り込みを入れ、火を通りやすくする。焼き網でじゅうぶん焼く。

コツのコツ
箸で持ったときふにゃりとするくらい焼くと皮がよくむける

2 氷水に取る。竹串などで皮をむき、汚れをさっと洗って冷蔵庫で冷やす。

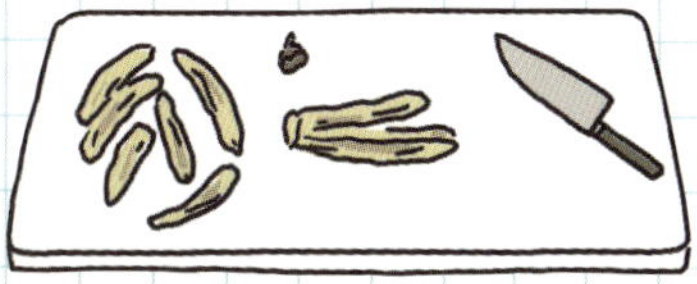

3 ガクを切り落とし、食べやすい大きさに切る。かつお節、おろししょうが、しょう油などを好みでかける。

【まめ知識】

食用菊と、花屋さんで売っている菊の違いは？　菊にはたくさんの品種があり、食用菊と観賞用の菊はそもそも違う種類。食用菊は江戸時代ころから研究された、苦みの少ない「阿房宮《あぼうきゅう》」「嫁顔《よめがお》」といった品種です。これらは植物性たんぱく質、ビタミン、カルシウムを含み、香りによる食欲増進も期待できます。日本の食用ハーブといえるかもしれません。

旧暦八月十五日

十五夜《じゅうごや》

月をめでる

すすき

万葉の時代から秋の訪れを知らせてくれる、秋の七草のひとつ(→p179)。まだじゅうぶん実っていない稲穂のかわりに、形の似ているすすきをお供えするのがお月見のならわし。

月とうさぎ

復活祭(↓p56)にうさぎのお菓子をいただくように、日本でも、多産のうさぎは古来からツキを呼ぶ動物。そのうさぎが月でもちをついているというイメージは、まさにめでたさづくし。

月と人間

晴れの日は気分爽快(そうかい)、雨の日は元気が出ない……そんなことはありませんか。実はお天気だけでなく、月の満ち欠けも心身に関係があります。一般に、満月に近いときは元気。逆のときは、少し余裕をもった行動が◎。旧暦カレンダーで体調管理をしてみては。

きょうはどの月かな？　満月の夜は元気、三日月の日はお腹が痛くなる……など、自分なりのリズムを発見できるかも！

新暦(↓p8)なら9月中旬から10月上旬にかけて。夜の空気が澄み、一年のうちで月がいちばんきれいなとき。色づきはじめたすすきと初ものをお月様にお供えして、今夜はぜひお月見を。

【まめ知識】

お月見といえば満月。でも、十五夜のお月見が必ずしも満月になるとは限らないのです。十五夜とは旧暦8月15日ですが、これは新月となる瞬間を含んだ日を旧暦8月1日とし、それから15日目ということ。けれども月の動きは一定ではないので、満月に欠けることもあれば、過ぎてしまうこともあります。それでも十五夜にお月見するのがならわし。もちろん、十五夜と満月がぴったり重なる年もあります。

月の満ち欠けを知ろう

旧暦の時代は月の満ち欠けに合わせて
暦を作っていたため、
月の神は暦の神ともいわれました。
きょうは旧暦で何日かな？
月を見ればだいたいわかります。

新月《しんげつ》 地球と太陽の間に月が来て、月はまったく見えません。旧暦では一日（ついたち）。

三日月《みかづき》 旧暦3日目の細い月。夕方から、白くぽっかり見えます。誰かが腰かけているよう。

下弦《かげん》後の三日月 旧暦26～27日目の月。三日月と左右対称。

上弦《じょうげん》の月 右半分が見える7～8日目ごろの月。夕ぐれどきに昇ります。別名、弓《ゆみ》張《は》り月《づき》。

下弦の月 23日目。この月の出を待つ「月待ち」をすると、願いごとがかなうといいます。

寝待月《ねまちづき》 19日目。昔の人は、この月が出るころには寝床に入っていたのでついた名。

十三夜《じゅうさんや》 いよいよ満ちてくるという意味で、縁起のいい月。「十三夜に曇りなし」

居待月《いまちづき》 さらに遅くなる月の出を、居て（すわって）じっくり待つから居待月。旧暦18日目。

十六夜月《いざよい》 いざよいとはためらうこと。満月よりもためらいながら昇るから。

十五夜 月が太陽と正反対に来て、まん丸の満月が輝きます。

かんたんチャレンジ

きぬかつぎ

口にツルッと入ってひと口で食べられるきぬかつぎ。いくつでもいただけそう！
するりと皮をむくと白肌があらわれることから、
高貴な家の女性のかぶる布に似ているとされ、きぬかつぎと名づけられました。

材料

里芋（小芋）…15コまたは12コ
塩…小さじ1～2
ごま塩…少々

1 里芋はよく洗って皮付きのまま鍋に入れ、ひたひたの水でやわらかくなるまでゆでる。アクはまめに取る。

2 ゆであがったら、塩を加え、火を止めて10分間そのままにしておく。

3 ざるにあけ水気を切ったら上と下を少し切る。ころんとした形を残したいなら上だけ皮をむく。

4 皮をむいたところに、ごま塩をふってできあがり。頭をつまむとするっとむけます。

【まめ知識】

秋の初ものであるきぬかつぎは、十五夜には欠かせないお供え物。十五夜の夜だけは、子どもたちはよその家の月見団子や、きぬかつぎなどのお供えを盗《と》ってもよいとされ、盗まれた家も、「月の神様が食べてくれた」「よいことがある」と歓迎しました。芋の収穫を祝う意味もこめて、「十五夜」を「芋名月《いもめいげつ》」ともいいます。

手作り床の間でお月見しよう

お月見したくともウチに縁側や床の間はないし……
なんてガッカリしなくても大丈夫。
とっておきのコーナーを作ってすすきを立て、
丸みのあるお菓子を置けば、それがお月見。

すすきを花瓶にさす。近所で見つからなければお花屋さんへ。お月見のあとも捨てずに軒先に吊るす。鋭い切り口に魔除けの力があり、一年間病気をしないそう！

お団子は十五夜にちなんで15コか、その年の月数（うるう年なら13コ）。神様と一緒にいただくのが楽しいので、お菓子をお供えしてもOK。

季節の初ものをカゴに盛る。ぶどうなどツルものを置くと、月と人間のつながりが強くなるそう。

お供え物は、月から見て左に置きます。左大臣が右大臣より偉かったように、日本では「左」が上位でした。そうしてみると左に置いたほうがなぜかシックリくるから不思議。

窓際か壁際にローテーブルを置き、風呂敷やお盆、ランチョンマットなどを敷いてお月見コーナーに。張り出し窓なら、張り出し部分をそのまま使って。

お月様と食べたいお菓子

●うさぎまんじゅう　この時期、和菓子屋さんにはかわいいうさぎがいっぱい。選ぶのも楽しい。

●月餅《げっぺい》　ギュッと詰まったくるみと、コクのある甘さが特徴。中国のお月見では定番の、厄払いのお菓子。

●どら焼き　まん丸いお菓子といえば、団子以外にも。そう、どら焼きです。コンビニでも買えるので、今夜にでもお月見できますね。

九月～十月に
全国各地で

秋祭り
あきまつり

豊穣を祝う

9月から10月にかけては、田の稲をなぎ倒す台風が怖い一方、待ちに待った実りの季節でもあります。そこで、風をしずめたり、秋の収穫を喜びあったりする祭りを全国各地で行います。

おくんち祭り（九月九日、十月九日など）九州ほか

旧暦9月9日を祝ったことから始まった行事。長崎市諏訪(すわ)神社の長崎くんち(10月7、8、9日)は長崎県最大の祭り。龍を高々とあげて、天下泰平を祈ります。

おわら風の盆（九月一日～九月三日）富山県

盆と風祭りが合わさったもので、朗々と続く越中おわら節と*胡弓(こきゅう)に合わせ、浴衣に黒帯、編み笠をかぶって踊りながら歩きます。300年の歴史をもつ民俗行事。

有名な秋祭り

●遠野《とおの》祭り（岩手県）
馬に乗って走りながら弓を射る流鏑馬《やぶさめ》ほか、遠野に伝わるしし踊りや*神楽《かぐら》を奉納する。

●灘《なだ》のけんか祭り（兵庫県）
播磨《はりま》地方の代表的な秋祭り。神《み》輿《こし》をかついで練り歩き、ぶつけあい、最後は池に投げこむ。

●時代祭り（京都府）
京都が都であった時代を、華麗な神輿行列で表現。5月の葵祭（→p86）、7月の祇園祭と並ぶ、京都三大祭のひとつ。

かんたんチャレンジ

芋煮会《いもにかい》

秋の実りを手軽に感謝する行事なら、芋煮会がおすすめ。
近所の人たちと、河原で材料を持ちよって大鍋で煮る野外パーティ。
山形はじめ東北地方の伝統行事です。

用意するもの

里芋・ごぼう・にんじんなどの根菜
こんにゃく、ねぎ、きのこ、牛肉、うどんなど好みの具
砂糖、酒、みそ、しょう油などの調味料とだし
人数分の食材を煮られる大鍋、レジャーシート、紙コップ、箸、ビニール袋、ごみ袋ほか

1 皮をむいた里芋とこんにゃくを鍋に入れ、たっぷりの水で煮る。里芋のアクはまめに取る。

2 アクがなくなってきたらごぼう、にんじんを加え、やわらかくなるまで煮る。だしと調味料で好みに味付け。

3 煮立つ直前にきのこ類を入れ、煮立ったら牛肉を入れる。肉のアクもまめに取りのぞく。

4 ぶつ切りにしたねぎを加え、ひと煮立ちしたらできあがり。実をさらったあとの煮汁でうどんを食べるのも楽しい。

コツのコツ
野外では少々濃いめの味つけのほうがおいしい！

長寿を祝うもの、こと

長寿の方を祝うと、祝った人も長寿にあやかれるといいます。
もっと長生きしてね！ 元気でね！ そんな気持ちをこめてお祝いを。

九月の第三月曜日

敬老の日《けいろうのひ》

長年、社会のために働いてきたお年寄りを敬い、長寿を祝う国民の祝日。敬老にちなんだ行事が各地で行われます。家庭では、父母や祖父母をねぎらってお祝いを贈ったり、ごちそうを作ったりします。

長寿の秘訣

一 腹八分目を守り、バランスのよい食事をする。

二 毎日歩いて筋力をつけ、休憩も適度にとる。

三 酒は百薬の長。ほどほどにたしなむ。趣味を大切にするのもよし。

長寿桑《ちょうじゅくわ》

桑は長寿の木。桑の木でできた器や箸を使うと長生きするそう。古くから、桑の葉は薬草とされてきました。

ウォーキング

早朝に外を歩くにはぴったりの季節！ 万歩計とおしゃれなウォーキングシューズ、ウェアのセットを贈っては。

日本酒

日本酒には、「鶴」「菊」「千歳」など、長寿にまつわる字のつく銘柄が多い。

【敬老の日の由来】

昭和26年、全国社会福祉協議会により「としよりの日」が制定されたのが敬老の日のきっかけ。老人福祉法の制定に伴い「老人の日」と改まり、昭和41年から国民の祝日「敬老の日」になりました。平成15年からは9月の第3月曜日となり、9月15日から21日の一週間は「老人週間」に。旧敬老の日は9月15日で、聖徳《しょうとく》太子《たいし》が老人や病人のための「悲田《ひでん》院《いん》」を建てた日といわれています。

かんたんチャレンジ

お赤飯《せきはん》

名物にうまいものなし？
でも、日本の名物のお赤飯はおいしいですね。
もち米のもっちり感を大切に、炊飯器で炊いてみましょう。

材料（4人分）
もち米…3カップ
あずき…2と1／2カップ
塩…少々
ごま塩…少々

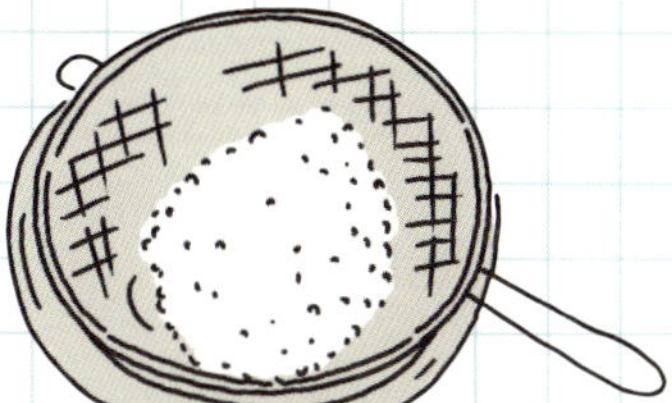

1 もち米を洗ってざるにあげ、水気を切っておく。

2 その間にあずきの準備をする。洗ってたっぷりの水に入れ、中火にかける。煮立ってきたらアクをすくい、火を弱めて20分ほどゆでる。

3 1とゆでたあずき、あずきの煮汁3カップと塩少々をボールに入れ、2時間ほどつけておく。

4 電気釜に入れてふつうに炊き、炊きあがったらごま塩をふる。あればナンテンの葉をプラス（ナンテンは「難が転じる」として、縁起がよい）。

コツのコツ
あずきはゆですぎると煮くずれるのでかためでOK！

【あずきの由来】

太陽の色「赤」は、あらゆる邪気《じゃき》をはらう魔除《まよ》けの色。やや茶色がかった色ですが、あずきの色も「赤」とされ、古くから四季の行事に登場しました。先祖を供養する彼岸（→p52、160）では、ゆでたあずきでごはんをくるみ、あんころもちにしていただきます。こちらは収穫をもたらす山の神にささげる目的もあったようです。

九月二十三日ごろ

秋分《しゅうぶん》

暑さ寒さも彼岸まで

二十四節気（→p214）のひとつで、昼と夜の長さがほぼ同じになる日。春分（→p52）と逆に、きょうから少しずつ夜が長くなっていきます。先祖を法要する、秋彼岸の中日（ちゅうにち）でもあります。

のちの彼岸《ひがん》

春の彼岸と区別してこういいます。春分の日が春の訪れを祝い万物の自然をいつくしむ祝日でもあるのに対し、秋分の日は亡くなった人をしのぶ祝日。

読経のときのマナー

- 僧侶が袈裟（けさ）などで正装しているので、カジュアルな服装はマナー違反。一周忌の法要までは喪服を着用。
- 読経時間は20〜30分くらい。私語や中座は×。トイレは読経前に。
- 読経が終わったら故人にかわってあつくお礼をいい、お布施（ふせ）を包む。

厄日《やくび》

二百十日（→p146）は過ぎましたが、台風が多くなるのは彼岸のころから。農家によっては、彼岸を「厄日」として警戒するところもあります。

彼岸花《ひがんばな》

まるで秋分の日を知っているかのように、秋彼岸のころに咲く彼岸花。曼珠沙華（まんじゅしゃげ）というサンスクリット語の別名もあります。「天界に咲く花」を意味。

1日に10cm近くも伸びる。毒を持った球根は水にさらして毒を抜き、万一のときの非常食にもなった。

まめ知識

神棚がある家が、どうして彼岸には仏教式の読経や墓参りをするの？　日本では正月など神道にまつわる行事を行ってきた一方、仏教を説いた釈迦《しゃか》の教えも受け入れています。お彼岸は「日願《ひがん》」でもあるので、太陽の神を信仰する神道と結びつきやすかったという説もあります。彼岸はインドなど他の仏教国にはなく、日本だけの行事。春の種まきや秋の収穫とも結びついて、大切な国民の祝日となりました。

虫の鳴き声の聞き分け方

9月を過ぎると、秋の虫たちが相手を求めて鳴き始めます。家の台所の隅などに発見することも。テレビを消して、耳を傾けてみては。飼って、鳴き声を楽しんでみてもよいでしょう。

家のまわりで鳴く

カマドコオロギ

あたたかいカマド（台所）で越冬。

カネタタキ

小さい。声はすれども姿は見えず。

スズムシ

鈴を打ちあわせるように鳴く。

林や草むらで鳴く

マツムシ

「待つ虫」という意味。

チンチロリン
チンチロリン

クツワムシ

馬の口につけるクツワの音と似た鳴き声からついた名。

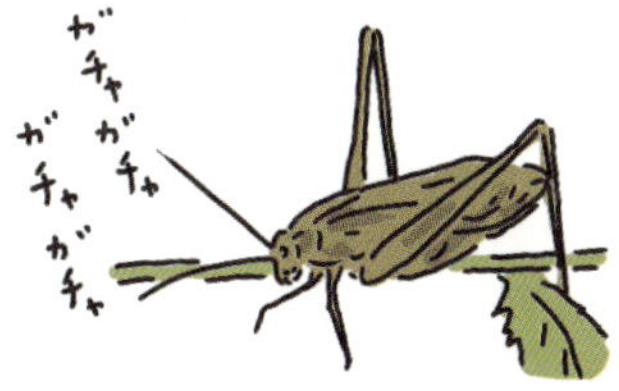

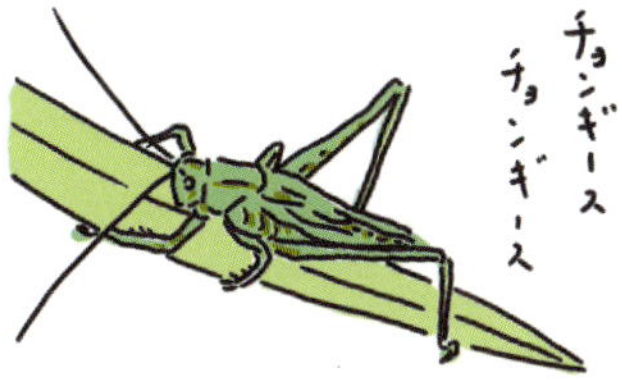

ガチャガチャ
ガチャガチャ

チョンギース
チョンギース

キリギリス

足音が聞こえると鳴きやんでしまう。

スズムシの飼い方

隠れ家になる登り木や木の板を立てる。

水は霧吹きで毎日。

卵を産めるよう、オスメスで飼う。鳴くのはオス。

中の様子が見えるようプラスチックの飼育箱かガラス瓶に入れ、暗く涼しい、静かな所に置く。

野菜はナス、キュウリが大好物。煮干しなど、動物性のエサもあげて栄養よく。

スズムシマット（ペットショップで買える）か、消毒してある土を敷く。


8〜10月ごろまで楽しめます。卵を産んでから寿命をまっとうします。

旬野菜のぬか漬けにチャレンジ！

ビタミン、ミネラル、食物繊維など、人体に必要な栄養素を豊富に含む野菜は、病気を予防し肌をみずみずしくする働きをもっています。旬とそうでない野菜には、栄養価で3倍以上の開きがあります。旬を知って、おいしく食べたいですね。

旬野菜のめやす

4月〜5月／アスパラガス　新玉ねぎ　ふき　えんどう豆　空豆　春キャベツ

6月／ラディッシュ　いんげん豆　オクラ

7月〜8月／ピーマン　ナス　トマト　レタス　きゅうり　かぼちゃ　しし唐　とうもろこし　枝豆

9月〜10月／カリフラワー　里芋　しょうが　やまいも　さつまいも　にんじん　きのこ類

11月〜12月／かぶ　白菜　ほうれん草　大根　春菊　ごぼう　れんこん　ねぎ

1月〜3月／小松菜　冬キャベツ　山菜

野菜を使いきるぬか漬け

一年じゅう食べられる漬け物はいつ作ってもよさそうですが、実は漬け物こそ新鮮な旬の野菜で漬ける必要があります。豊富に出まわる旬野菜を、上手に使いきりましょう。

昔ながらのぬか漬けは、家でかんたんに作れます。ぬか床に含まれている炭水化物やたんぱく質、鉄分などの豊富な栄養分が注目されている健康メニュー。野菜を漬ければ、ぬかにないビタミンCも補えます。

市販のぬか床に、冷ました塩水や昆布、唐辛子、卵のカラ、煮干しなどを入れる→漬け物容器に移し、よくかき混ぜてねりあげ、空気をじゅうぶんにゆき渡らせる→捨て漬け用のキャベツの切れ端やくず野菜をちぎっていれ、発酵しやすくする。

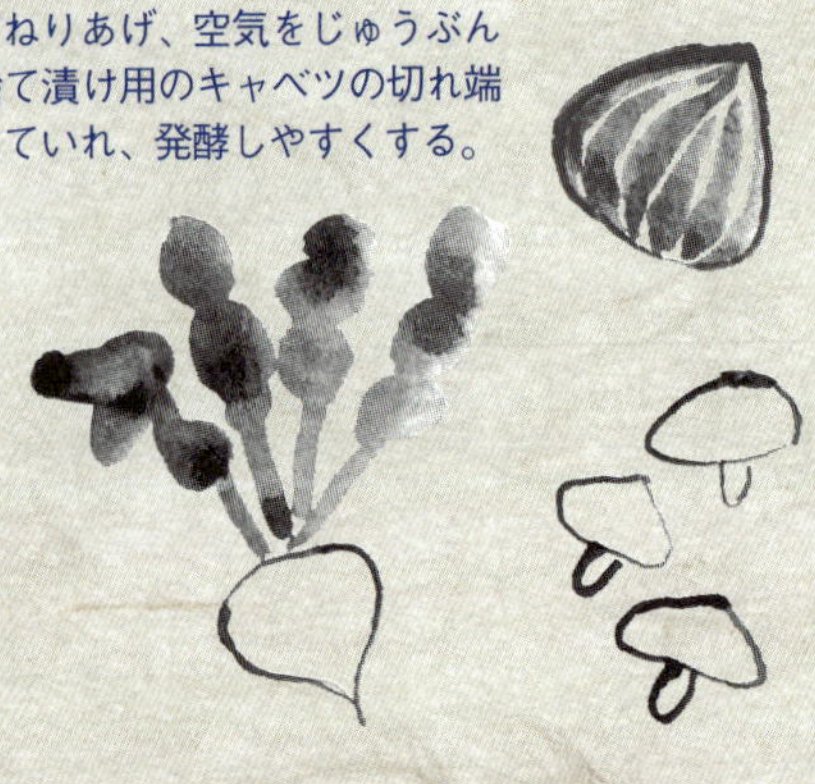

毎日こまめにかき混ぜ、何日か留守にするときは密閉容器に入れて、冷蔵庫に保存。たえず新しい野菜を補給していくのが、いっそうおいしくするコツ。

十月

神無月◆かんなづき

神様、出雲へお出かけ

木の葉
色づくころです。

十月一日〜十月三十一日

神無月《かんなづき》

神様がいない月は

日本中の神々が島根県の出雲地方に出張し、地元に神様がいなくなってしまうことから、10月を神のいない月、つまり神無月と呼ぶようになりました。けれど、出雲地方にとっては「神在月（かみありづき）」。神様を迎えるさまざまな行事を行います。

今月の神様スケジュール

旧暦10月1日（または前日）

神送り

出雲（いずも）へ旅立つ神様を送る行事として、お弁当を準備する。ついたもちをわらで縛ってひとつは床の間へ、ひとつは台所へ、ひとつは神棚へあげておく。お赤飯（作り方↓p159）を供える地方もある。

旧暦10月10日ごろ

神迎え

全国の八百万（やおよろず）の神様が出雲に到着。*海蛇（龍蛇神）の先導で稲佐（いなさ）の浜から出雲大社へ向かう。

国譲り神話
大国主命（おおくにぬしのみこと）が天照大神（あまてらすおおみかみ）に出雲の国を譲りわたしたときにもらったお宮。

須佐之男命（すさのおのみこと）が大蛇を酔わせるために飲ませた酒壺をまつる。

旧暦10月11日～17日

神《かみ》在《あり》祭《さい》

神様たちが集まって神議（かむはかり）という会議をする。出雲大社では、神々の会議処である上宮（かみのみや）で祭りをとり行う。また、神々の宿泊所となる、境内の19社でも連日祭りが行われる。

会議のおもな議題
- 人と人の縁（出雲大社は縁結びの総本山）
- 人の生死、寿命
- 来年の天候
- 米の出来、酒の出来

旧暦10月末日（または翌日）

神迎え

ふたたび神様が家々に戻って来る。１日にもちをあげた場合はつき直して里芋やにんじん、ごぼうなどを混ぜてすいとんにし、神棚に供えたあと食べる。

出雲神話の道

海と山に恵まれた風光明媚（ふうこうめいび）な出雲地方は日本神話のふるさと。八俣遠呂智（やまたのおろち）伝説をはじめ、天平5年（733年）に成立した「*出雲国風土記（いずもこくふどき）」がもとになっています。

国引き神話
神は山々に綱をかけて引っぱり、引きよせ、島根県の半分を作ったという。

八俣遠呂智《やまたのおろち》伝説
8つの頭と尾を持つ大蛇と、須佐之男命が戦ったあたり。須佐之男命は自分が救った娘をめとり、村を平和にした。

十月一日

衣がえ《ころもがえ》

夏服から冬服にかわる日。制服のある学校や会社では、いっせいに長袖になります。家庭でも、冬物を準備したり、夏物をしまったりするのに、ちょうどよい季節です。秋晴れの日を選んで行いましょう。

冬物の出し方、夏物のしまい方

ちゃんと洗って、乾かして、服に合ったしまい方をする。衣がえの手順は、夏（→p94）と同じ。家庭の歳時記は、同じことを楽しみながら繰りかえすのが基本です。

冬のセーター、コート類

本格的に寒くなる前に出し、天気のよい日に窓際などに吊るして、しばらく風をあてておきます。防虫剤の匂いが消え、シワものびます。

干しても取れないシワは、湿気が残るお風呂場に吊るしておくと、蒸気で自然に取れます。

夏のシャツ、スカート類

一見きれいでも、衿（えり）やすそは汚れているものなので、必ず洗って収納。ドライクリーニングでは汗は落ちないので、気になるものは汗抜きケアに出し、水洗いしてもらいます。

夏服は洗濯機で丸洗いできるものが多いので大助かり。大中小、平干し用など、ネットを使い分けて。

【衣がえの由来】

中国の宮廷で旧暦の4月と10月の1日に夏服と冬服を入れかえていたことから始まった習慣。日本へは平安時代ごろに伝わり、室町から江戸時代にかけて、四季に合わせて式服をかえる習慣が定着しました。明治維新で新暦が採用されると、夏服が6月1日～9月30日、冬服が10月1日～5月31日となりました。

虫干しカレンダー

夏の土用	虫干し	7月下旬。夏に発生しやすい害虫を寸止め。
秋の土用	虫干し	9月下旬～10月中旬。それでもついた虫を追いだす。有名な奈良の*正倉院（しょうそういん）の虫干しは、このころに行われる。外に出されるので国宝の見学が可能に。
冬の土用	寒干《かんぼ》し	1月下旬～2月上旬。冬の乾燥を利用して湿気を抜く。

浴衣の洗い方、しまい方

花火、縁日、夏祭り……大活躍した浴衣を、
来年もきちんと着られるよう、きれいにしまうには？

準備

まず洗濯表示をチェック。水洗い不可のもの、本麻染めなどの高級品はクリーニングに出したほうが無難。そうでないものは家で洗ってOK。手洗いが基本ですが、洗濯機でも次のことに注意すれば、じゅうぶん洗えます。

洗う〜乾かす

1　衿がよれないよう、2本取りの木綿糸でざっとしつけをかける。

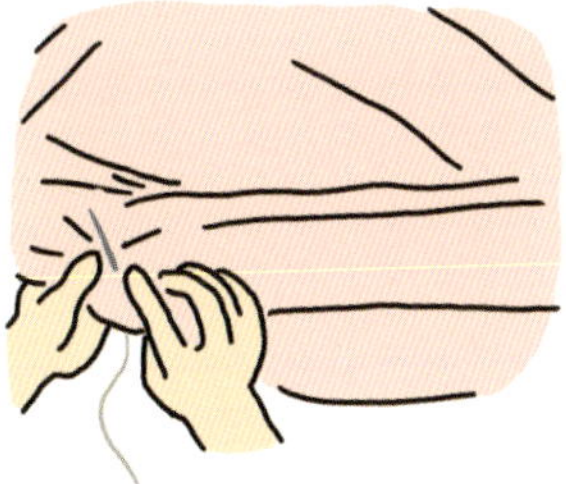

2　汚れが落ちやすいよう、洗濯機に入れる前に、食べ物のシミには部分洗い専用洗剤、汗やホコリには中性洗剤の原液をかけておく。

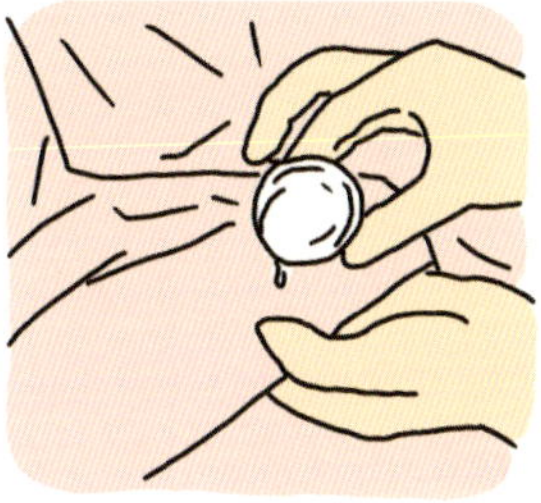

3　汚れが外に来るよう3つか4つに折りたたみ洗濯ネットに入れる。「手洗い」モードがなければ弱流を選び、中性洗剤で水洗い。色落ちすることがあるので、お湯はＮＧ！

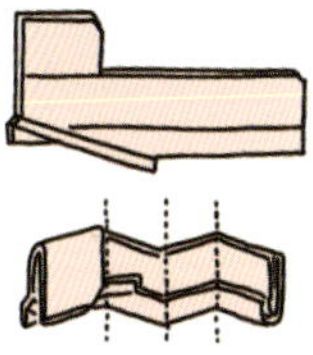

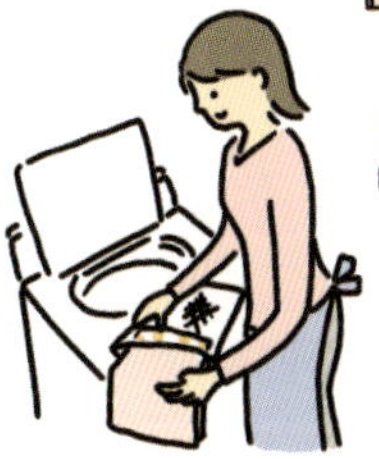

4　1分程度、短めに脱水したらシワがよらないようにすぐ広げる。裏返して和装ハンガーにかけるか、2本の物干し竿に図のように掛けわたして、風通しのよいところで陰干し。

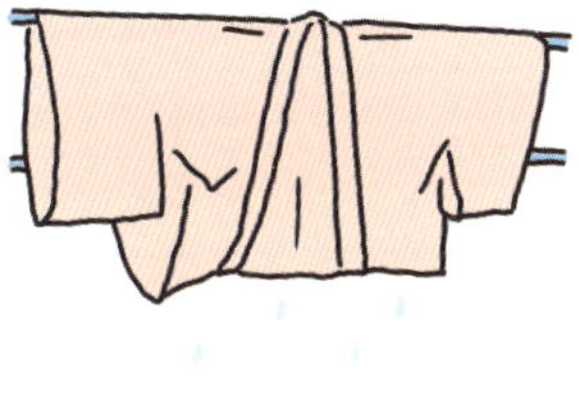

5　乾いたら、衿のしつけ糸を取る。洗濯表示に従ってアイロンをかける。

しまう

1　スチームアイロンの場合はとくに湿気に注意し、じゅうぶん乾いてからきちんと本だたみし、畳紙(たとうし)に包む。

2　小物も一緒にして、防虫効果のあるウコン染めの風呂敷に包むと安心！

おしゃれ歳時記

四季をここちよく過ごすための、服地と布の基礎知識。夏は半袖、冬は長袖と決めつけないで、生地で着分けると楽しみが広がりそう。夏でも快適に長袖を着られたり、冬でもおしゃれなノースリーブを着こなせたりします。

春に着心地のいい生地

●アウトドアなら……デニム

綿の太い糸をインディゴ（印度藍）などで染色し、綾織りしたもの。ジーンズなどでおなじみ。

●フォーマルなら……ジョーゼット

春物スーツの定番。シルク、ウール、ポリエステルなどで作る。自然で優しい風合い。

●春色ブラウスなら……レーヨン

木材パルプの繊維質（セルロース）から作る素材。肌ざわりがさらっとして、光り感と女らしいドレープ感がある。染色しやすく色あせしにくい。

●肌寒い日に……レーシーニット

木綿をレース風に編んだカーディガンなど。透け感があり、さわやか。夏の冷房対策用にも。

春服の流れ

淡い緑やベビーピンク、薄く透けたブラウスなどの春服は2月から店頭に登場。3月には初夏のウエアに切り替わり始めてしまうので、先取りしたい人は2月に新作を購入して。

涼しさをはおる夏

●シャツ、スカート……楊柳（ようりゅう）

縦方向に細かいシワの入った素材。丈夫でしわになりにくく、アイロンいらず。

●おしゃれ着なら……麻（リネン）

涼しくて、しわも格好がよい、あこがれのおしゃれ着。ただし洗濯じわはNG。きちんとお手入れを。

●いつでもどこでも……コットン

日本の衣料品の4割を占めるポピュラーな素材。洗濯しやすく値段も手ごろ。「エジプト綿」など産地が明記されているものは、バーゲンなどで見つけたらお買い得の上級品！

●浴衣は……岡木綿

色あざやかなポリエステルの浴衣は、手軽ですが汗をかくとベタベタに。ポピュラーな岡木綿がおすすめ。

夏服の流れ

バーゲンは7月初旬から。猛暑の年はタンクトップやTシャツなど人気の品がバーゲン前に売り切れてしまうこともあります。ベーシックなTシャツ類は、冷夏の年のバーゲンに買っておくとおトク。

秋におしゃれな生地

●こっくりした秋生地……ツイード

スコットランドなどで作られる、短めの羊毛から作る服地。ざっくりとした風合いで、ナチュラル感がある。

●軽くてあたたかい……フラノ

羊毛を毛羽たたせ、薄く軽い。秋のスカートにはぴったり。

●重ね着してもほっそり……リブ編みニット

縦のうねが特徴。薄手のセーター、ベストに最適。風通しがよいので、真冬には不向き。

●おしゃれ着にも防寒にも……ガーゼ

ふんわり優しい着心地。薄いので、重ね着してももたつかない。ジャケット、ブラウス、スカーフ、コートなど多彩なデザインがそろっており、今は白以外の色も豊富。

秋服の流れ

7月のセール後に出回る秋ものは夏の服地で色はあたたかみのある秋色。9月ごろから服地も色も秋向けになります。

冬をあたたかく過ごす

●カジュアル新素材なら……フリース

もとは羊毛の加工品のこと。今はポリエステル繊維からできた生地をいう。軽くあたたかく安価。風を通しやすいので、アウトドアにはちょっと不向きかも。

●冬の定番……ウール(羊毛)

コート、セーター、スカート、帽子、ランジェリーなど。生後6か月までの子羊からとれるラムウールのほうが、やわらかでデリケートな感触。ウールと似た化学繊維、アクリルは家庭で洗濯でき価格もお手ごろ。

●おしゃれなランジェリーなら……シルク

蚕《かいこ》の吐く糸から作り、夏は涼しく冬はあたたかい天然素材。人と同じたんぱく質でできていて、肌に優しい分、紫外線を浴びると黄色っぽく日焼けしやすい。

●パーティでゴージャス……ベロア・ベルベット

糸を切りそろえて光沢を出した生地。袖なし、半袖でもベルベットなら豪華であたたか。

冬服の流れ

11月半ばからパーティ向けの服が増え、実用的な冬服は12月初めが旬。平均気温が9度以下になると、手袋やマフラーが充実。クリスマス後は、年末一掃ファイナルセールが始まります。

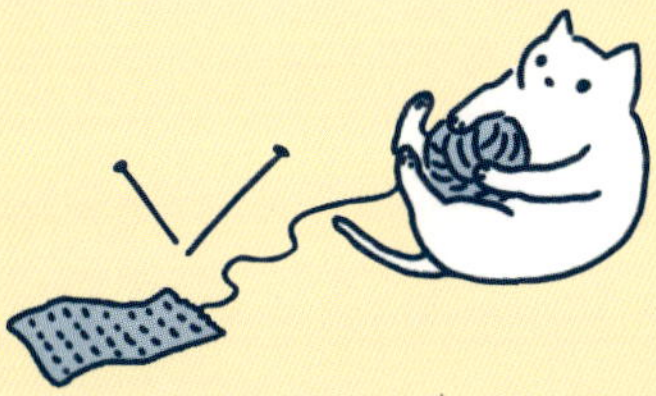

旧暦九月十三日

十三夜《じゅうさんや》

十三夜にくもりなし

十五夜（→p152）にお月見をしたら、ひと月後のきょうもお月見をしましょう。十五夜のころは秋の長雨の時期にあたり、月が見えないことが多いので、ぜひ再チャレンジを。今夜はきっと月がきれい。

片見月

十五夜、十三夜のどちらかしかお月見しないことを「片見月」といい、縁起が悪いこととされています。十五夜・十三夜・十日夜の3日間、夜が晴れると、いいことが起こるそう。

栗名月《くりめいげつ》・豆名月

十三夜は栗や豆を供えることから、「栗名月」「豆名月」ともいいます。栗を月に見立てたお菓子「栗名月」を今夜はいただいて。

月見団子

十五夜は15日にちなんで15コか12コ里芋や月見団子を供えました。十三夜では13コお供えして。

【まめ知識】

季節ごとに同じことを繰りかえすのが、家庭の行事。一度あることは二度ある？ ただし、後に来る行事は「のちの」をつけて、区別しています。衣がえも、初夏の衣がえに対し、秋の衣がえは「のちの衣がえ」といいます。菊の節句（→p148）は「のちの雛《ひな》」ということがあり、里帰りを意味する＊薮入《やぶい》りも、正月休みのそれに対し、お盆のそれは「のちの薮入り」と呼びました。そして、十五夜のお月見のひと月後が、この「のちの月見」。「のちの」という語感が、なんとも優しげです。

のちの

旧暦十月十日

十日夜《とおかんや》

トオカンヤ、いいもんだ

旧暦10月10日は、稲の刈り取りが終わって田の神様が山に帰る日。東日本では、古くから神様を見送る行事をしてきました。西日本では旧暦10月の亥（い）の子の日（→p185）や11月に、稲の収穫祭を行い、これと似た行事をします。

亥《い》の子づき

十日夜の行事は元気な子どもたちが主役。刈りあげ後の稲の茎を干してワラ束を作り、唱えごとをしながら地面を思いきり叩きます。土の神を励まして、作物にイタズラするモグラを追いはらうのです。

カカシあげ

刈りあげまで田んぼを見守ってくれたカカシに、もちや畑の作物をお供え。夜にカカシあげをして、カカシにお月見をさせてあげる地方もあります。

大根の年取り

この時期、大根はひと晩に何センチも生長するとか。長野県では、もし畑に入って大根の声を聞いたら「命はない」として、決して十日夜に大根畑に入るな、といわれています。

十月の第二月曜日

体育の日《たいいくのひ》

昭和39年、日本で初めてのオリンピックが開催された日にちなんで、スポーツに親しみ、健康な心身を作る記念日がもうけられました。全国の学校、職場、スポーツ施設などで、運動会をはじめ楽しい行事が繰りひろげられます。

一等賞はだれ？

お弁当は手でつまめるものが◎。おむすび、唐揚げ、野菜スティック、柿、栗…。

運動会　綱引き、玉入れ、障害物競走など、運動会の種目は親子で楽しめるものが中心。学校で家族とお弁当を食べるのもちょっと新鮮。

何か忘れてない？持ち物チェック！

□お弁当（学校、自治体が用意することも）
□飲み物
□汗拭きタオル、おしぼり
□着替え、スポーツウェア
□ゼッケン、ハチマキ
□救急用具
□カメラ、ビデオ（フィルム、電池）
□ビニールシート、または敷物

【体育の日の由来】

平成11年まで、体育の日は東京オリンピック開会式が行われた10月10日でした。10月10日が選ばれたのは、東京地方からちょうど台風が過ぎ去ったころにあたり、気象庁の統計上、晴れる確率がとても高かったから。*ハッピーマンデー制度により体育の日が10月第2月曜日に移行されるまで、34年間に東京地方で体育の日に1ミリ以上の雨が降ったのは、わずか5回でした。

スポーツの楽しみ

その1　心身の若がえり

新陳代謝が促され、肌もツヤツヤ。ダイエットにもつながる。

その2　睡眠とリラックス

よく運動した後はごはんもおいしく、ぐっすり眠れる！

その3　コミュニケーション

かけがえのない仲間ができる。

運動之心得3か条

一 水分補給の心得

昔は「水を飲んではいけない」とされていましたが、今は逆。喉が渇ききる前に水を飲みます。汗を大量にかいたときは0.1〜0.2％の食塩水を。手軽なスポーツドリンクでもＯＫ。ただし、糖分は控えめに。

二 小休止の心得

直射日光の下でのマラソン大会などでは、秋でも熱中症のおそれがあります。とくに湿度が高いと危険。気分が悪くなったら日陰へ行き、服をゆるめて水分を補給して。

三 運動着の心得

走れればジーパンでもいい……ということはありません！　汗を吸収しやすい、軽い運動着が体を守ります。屋外では帽子を着用のこと。

十月二十日ほか

恵比須講
えびすこう

諸国の神々が出雲（いずも）地方にいる（↓p164）あいだ、家を守ってくれる恵比須様をおまつりする行事。旧暦10月20日、11月20日、1月10日など、地方によってさまざまな日取りで行います。

留守をお頼み申す

どう迎える？

一般家庭の留守神様は、台所にいる大黒様。商家の留守神様は、海から来た恵比須様。農家では両方の神様にお供え物をすることが多いようです。新米のごはん、サンマ、煮物など、できるだけ秋のおいしいものを。

仲間の神様が出雲へ行っているあいだ、なぐさめる意味もあります。

恵比須様って？

もともとは異郷の人々に福をもたらす「外国人」という意味でしたが、海に囲まれた日本では大漁をさずけてくれる神様になりました。町や店ができた室町時代からは商売繁盛の神とされ、やがて田の神様としてもあがめられるようになりました。

商家では家のお金をすべて一升瓶に入れ、尾頭つきのタイを供えて商売繁盛を祈る。呉服屋がもっとも派手で、招待客に酒をふるまい、店先にみかんやお金をまいたとか。

【恵比須講の由来】

「講」とは、集まって寄り合いをすること。神々が出雲《いずも》で寄り合いをしているあいだ、東日本では恵比須様や大黒様、西日本では海の神である金比羅《こんぴら》様などが留守番をします。地域によっては、旅人を守ってくれる道祖神《どうそじん》をまつるところも。それでも、日本には火の神や木の神など八百万《やおよろず》の神がいるので、やはりほとんどの神様は出雲へお出かけです。

七福神大集合

福を呼ぶ神様たち。
正月に神棚に飾ったり、それぞれの神様をいただく神社をめぐったり（七福神めぐり）。
お顔も、いかにも縁起がよさそうですね！

厄よけは まかせろ

毘沙門天《びしゃもんてん》
武器で厄ばらいする軍神。強く、偉くなりたいときはこちら。

福の神とは ワシのこと

福禄寿《ふくろくじゅ》
幸福、富、長寿をかなえる神。3つかなえばいうことなし？

タイは めでたい

恵比須天
恵比須様の商い始めとして、1月10日にもまつることが多い。

わしゃ〜 長生きの神

寿老人《じゅろうじん》
長寿、健康にくわえて子宝をさずける神。

食いしん坊は ワレをおがめ

大黒天
台所の神。黒豆を大黒というのは、「黒くなってまめ（魔滅）に働く」にちなむ。

夫婦仲よくな

布袋尊《ほていそん》
サンタクロースのような袋をかついで放浪し、*吉凶を占う。家庭円満の神。

習いごとは あたくしに

弁財天《べんざいてん》
ただひとりの女神。芸術家をめざす人々や芸能人に芸運をさずける。

十月三十一日

ハロウィン《はろうぃん》

ハロウィンの秘密

キリスト教の聖人の祝日、万聖節（ばんせいせつ）の前夜祭。収穫祭、悪魔ばらい、霊の呼び戻しなど、日本のお盆（↓p136）にも似た意味をもっています。クリスマスだけでなく、ハロウィンもおうちでやってみませんか。

ジャック・オー・ランタン

かぼちゃをくりぬいて顔を作り、ろうそくを灯して窓辺や玄関を明るくします。ふつうのライトでは、祖先など亡くなった人の霊が帰って来られないので、必ずかぼちゃのランタンに。

シシャが来たらこわいよ!
いい霊だから大丈夫

仮装行列

子どもたちは、亡くなった人の霊やお化け、魔法使いに変装。仮装アイテムはデパートやホームセンターで調達可。

Trick or Treat!

黒猫

夜の使いのような真っ黒な猫は、魔女の仲間なので、ハロウィンにはぜひ。置き物を飾っても、自分が変装しても?

●夜に黒猫を見たら3歩下がらないとよくないことが起こる。（日本）

ミニミニ
ハロウィン史

古代ケルトでは11月1日が新年。1年の終わり（10月31日）には悪霊が来て作物を荒らすと古代ケルト人は信じた。

悪霊を追いだす祭りが始まる。ハロウィンは「All Hallow Eve」（万聖節の前夜）の略。

ヨーロッパからアメリカに移住した人々がハロウィンを子どもも楽しめる行事にアレンジ。

お菓子

「Trick or Treat！（お菓子をくれなきゃいたずらするぞ！）」と声をかけて、よその家の玄関を叩きます。「Happy Halloween!」といってお菓子を渡すと、神様が食べてくれたことになるそう。

本物が混じっているかも？　悪役として欠かせない魔女は、ホウキを馬に見立て、毛先を前にして空を飛んでいましたが、ロケットの影響で毛先を後ろにして飛ぶようになったとか。毛先はロケットの噴射。

黒猫にまつわる神秘の言いつたえ

- 黒猫を飼うと、嵐でも船が沈まない。（世界各国）
- 月夜の下、黒猫が横切ったら伝染病がはやる。（アイルランド）
- 樽の上に黒猫が座るとワインの出来がいい。（フランス）

十月〜十一月

紅葉狩り《もみじがり》

山のふもとの錦織

秋が深まっていくと山や街、湖、川などいたるところで木々が色づきはじめます。紅葉する木は桜、カエデ、ブナ、イチョウなどの落葉樹。一方、松のように緑のままの木もあり、冬の前、野山は極彩色に。

龍田姫《たつたひめ》

一般に、紅葉は朝の最低気温が8度くらいから始まります。寒いところから進行するので、北から南へ、山の上から下へという順。昔の人は、龍田姫という、秋をつかさどる女神が袖を振って山を染めていくのだとしました。

もみじ？かえで？

「紅葉（もみじ）」は色づく葉すべてのこと。イチョウやサクラもそう。一方、赤ちゃんの手のように葉が5つに分かれた紅葉は「カエデ」といい、日本には26種類もあります。だから紅葉といえばカエデが象徴的なんですね。

【まめ知識】

紅葉は、気温が急激に下がることで葉の中のタンパク質が移動できなくなり、糖類が蓄積されて、緑の色素が減っていくために起こる現象。かわりに増えていく赤い色素はアントシアン、黄色い色素はカロチノイド、褐色《かっしょく》の色素はフロバフェンといい、木によって、また気候によって、どの色が強く見えるかは異なります。一様《いちよう》に赤くならないからこそ、色のグラデーションが楽しめ、秋を目で「狩る」ことができるわけです。

秋の七草

あきのななくさ

10月に入ると萩（はぎ）の花が咲き、秋の七草がほぼそろいます。お花屋さんでも買えるので、秋の訪れを実感してみてはいかが。春の七草は食用ですが、秋の七草はながめて楽しみます。

歌に伝わる秋の草

万葉の時代、山上憶良（やまのうえのおくら）が
詠（よ）んだのがきっかけで、
夏の終わりから秋にかけての野の草花が
「秋の七草」となりました。

萩《はぎ》の花　尾花《おばな》葛花《くずばな》
なでしこが花　をみなへし
また藤袴《ふじばかま》　朝顔が花
山上憶良（万葉集 巻八）

はぎ

秋風に揺れる、房状の花。

おばな

すすきの穂が出た状態。

なでしこ

早ければ7月ごろから川原に咲く。

ふじばかま

桜もちにも似た香り。

おみなえし

「おみな」とは女性のこと。同じ仲間の白い花は「おとこえし」。

ききょう

山上憶良の歌の「朝顔」のこと。

秋を一日でも長く楽しんで！　花瓶にさす前に、水につけたまま茎を斜めに2～5cmほど切ると、よく水を吸いあげてくれます。

くず

根は漢方薬の葛根湯（かっこんとう）の原料になる。

秋づくし、わいわい行楽弁当

連休が多く、体育祭や紅葉狩りなどイベントの多い月。しかも食べ物がおいしい秋！　お弁当を作ってどこかへ出かけてみない手はないですね。

秋鮭おむすび

秋鮭の骨を取り、塩こしょうして焼く。たわら型にしっかり握ったおむすびの上にのせ、のりでくるむ。

さわらのみそ漬

みそ、みりん、塩、好みで酒をあわせてねりみそを作り、サワラをはさんでラップにくるみ、ひと晩冷蔵庫へ。みそを洗い流して水けを拭き、食べやすい大きさに切って、フライパンで両面焼く。前の晩から漬けておけば、朝は焼くだけ。シッカリ下味をつけると、腐りにくく、冷めてもおいしい、お弁当向きの味。

きのこづくし卵焼き

エノキダケ、しめじ、まいたけを入れ、ベーコンを混ぜて油で炒め、火が通ったら塩こしょう。割りほぐして少々の砂糖を加えた卵を流し入れ、具を包むようにして巻いていく。

おさつ甘露煮

さつまいもは皮つきのまま1センチの輪切りにして鍋へ。砂糖、ひたひたの水を加えてふたをし、蒸し煮して最後にしょう油をひとたらし。下ゆでして紅葉型に型抜きしたにんじんを加える。水けの出ないさつまいもはお弁当にピッタリ。秋が旬です。同じ調理法で、にんじんを煮ても甘さが増しておいしい。

十一月

霜月◆しもつき

寒ざむとした空。朝霜が降りる

冬の足音が
聞こえはじめました。

十一月三日

文化の日《ぶんかのひ》

芸術の秋

日本国憲法が公布された日（昭和21年11月3日）を記念し、「自由と平和を愛し、文化をすすめる」日として昭和23年に制定。各地で芸術祭や音楽会、伝統芸能の会など、文化にちなんだ行事が行われます。

文化祭

学校の文化祭が11月を中心に開かれるほか、国や自治体が主催する文化祭も11月が中心。稽古（けいこ）に発表会にと、充実した毎日！

歌舞伎《かぶき》の顔見世《かおみせ》

江戸時代、*歌舞伎役者は11月から翌年の10月までを1年の区切りとしていたため、11月は年の始めの顔見世として豪華な顔ぶれがそろいました。現代でも11月の興行には有名な演目が選ばれます。

映画祭

夏にも開かれますが、多くの映画祭は11月がメイン。海外から大物俳優が招待される国際的な映画祭も、10〜11月ごろ行われます。

文化勲章《くんしょう》、文化功労者

科学・芸術の分野で文化の発展に貢献した文化功労者のなかから、文化勲章の受賞者が選ばれます。これまで画家、彫刻家、陶芸家、俳優など多彩なジャンルから選ばれてきました。

テレビ放映

文化勲章の授賞式をはじめ、文化にちなんだ番組が盛りだくさん。文化の日は昔から「晴れる確率が高い日」とされているので、外に出るか家でテレビを見るか！……迷いますね。

【まめ知識】

秋は、伝統にふれたり、美しいものを鑑賞したりするのにふさわしい季節。もしも発表会や個展に招待されたら、都合がつくかぎりは出かけていきましょう。お祝い品としては、花束も喜ばれますが、そのジャンルに関心のある友人を連れていき、ひとりでも鑑賞者を増やしたほうが、もっと祝福になります。自分が主催側や出演者になった場合は、押しつけにならないよう、興味のありそうな人に声をかけてみては。

十一月七日ごろ

立冬《りっとう》

そろそろ冬じたく

きょうから立春(2月4日ごろ)までが暦のうえの冬。とはいえ、11月のはじめまではまだまだ秋らしいところも多いかも……。本格的な冬がやってくる前に、冬じたくをしておきましょう。

木《こ》枯《が》らし

手足がしばれるように冷たい北風を木枯らしといいます。木枯らしが吹いたかと思うと、まるで春のようなあたたかい日がフッと訪れる、その繰りかえしで冬が深まっていきます。

冬が来て、うれしいことのひとつに、冬小物のかわいらしさがあります。手袋、帽子、耳当て……。毛糸でできたものはみな懐かしい味わい。

ストーブ

暖房シーズンの始めには乾電池の残量、消火装置の作動、ゴムホースに破れがないかなどを必ず点検。反射板が汚れていたらきちんと磨いて、熱反射をよくしましょう。

湯たんぽもおすすめ。熱い湯を入れてカバーにくるみ寝床に置けばポカポカ。緩やかに冷めていき朝はこの湯で顔も洗える!

鎮《ちん》火《か》のお供え

火を使いはじめる時期なので、寺社では鎮火祭が行われます。鎮火祭では里芋やみかん、魔除けのお赤飯をお供え。家でも神棚や玄関、縁側に飾って、火の神様をなだめてみては。

十一月の第一亥の日（上旬）

亥の子祝い《いのこいわい》

こたつ開きはきょうまでガマン！

亥はイノシシ、旧暦10月は「亥」の月。つまり新暦では11月にあたるこの月の、亥の日の亥の刻（午後9時～11時）に、多産のイノシシにあやかって稲の収穫を祝い、もちをついて無病息災と子孫繁栄を祈ります。西日本を中心に古くから伝わる行事です。

亥《い》の子もち

亥の子もちやあんころもちをついてお酒と一緒に神棚にお供えし、あとで食べます。イノシシは一度に2～8頭の子を産むので、子宝に恵まれ病気をしないのだそう。

こたつ開き

亥の子の日に暖房器具を出すと火事にならないという言いつたえが。こたつやストーブはぜひこの日に出して。コードや点火の不具合も要確認。

省エネこたつのキメテ

- 大きく厚めのこたつカバーで、すきまができないようおおう。
- 畳や床に熱が逃げないよう、こたつ敷きを敷く。
- 湿気があるとあたたまりにくいので、こたつ布団はまめに干す。
- 始めは「強」にし、あたたまったら弱めると電気代がおトク！

【亥の子の由来】

中国の木火土金水*《もっかどごんすい》を十二支にあてはめると、亥《い》の月と子《ね》の月は、冬の冷たさを連想させる水の月。そこで亥の月第一亥の日を「亥の子」と読んで、亥の刻に炉開《ろびら》きをすれば、「水＝火事をふせげる」ということになりました。農家では囲炉裏《いろり》や堀《ほ》りごたつを開いて点火します。茶の湯をたしなむ家では、春からずっと保存しておいた新茶（→p72）の壺《つぼ》を開けて、熟成した味と香りを楽しみます。

十一月の酉の日

酉の市《とりのいち》

関東を中心とした神社で、酉の刻（午後5～7時）ごろから開かれる露店市。熊手や招き猫などの縁起物を買い、一年の無事と、来たる年の福を願います。酉の日は12日ごとにまわってくるので、11月に3回市が立つ年もあります。ぜひ出かけてみましょう。

新年の期待ふくらむ

どこで買う？

江戸時代に始まった下町の市。東京都内では30か所以上の神社に立ち、足立区の大鷲（おおとり）神社、台東区の鷲（おおとり）神社が有名。大鷲神社の市は千年以上の歴史があります。

どう買う？

熊手の取引は、値切れば値切るほど縁起がよいので、うんと値切って粋に買いましょう。最後に商談が成立すると「シャンシャン」と手じめしてもらえます。

酉の市が3度立つ年（酉の日が11月に3回めぐってくる年）は火事が多いそう。

飾り方

熊手は庭の掃除用具。でも、縁起熊手は使ってはいけません。福を取り込みやすいよう玄関などの入り口に向けて、少し高いところに飾るか、神棚に供えてお正月を迎えます。

江戸っ子の粋な買い方

値段を聞く
↓
値切る
↓
値段を聞く
↓
さらに値切る
↓
値段を聞く
↓
どこまでも値切る
↓
商談成立
↓
いちばん最初に聞いた値段で払い、お釣りはもらわない。

かくし絵のごとき縁起熊手

長寿＝鶴、当たる＝矢、立身出世＝鯉(こい)、福を呼ぶ＝七福神、
お金が貯まる＝打ち出の小づちです。
どこに隠れているかわかる？

幸せを「かきこむ」「集める」
熊手は、商売繁盛や招福の縁起物。
玄関か神棚に華々しく飾り、酉の市が
来るごとに、大きなものに買いかえます。

十一月十五日

七五三《しちごさん》

すこやかな成長を願って…

11月は秋の収穫を祝う月だったことから、子どもの成長も祝うようになりました。3歳の男女、5歳の男の子、7歳の女の子を連れて参拝。無事に成長できたことに感謝して、厄払いもしてもらいます。

3歳 髪置《かみお》き

赤ちゃんから幼児への成長のお祝い。昔は3歳になるまでは髪を剃(そ)り、11月の吉日から髪をのばしていました。東日本でも西日本でも、3歳の七五三がいちばん盛んなようです。

帯は結ばない。お宮参り(→p190)のときの祝い着を仕立てなおしても。

5歳 袴着《はかまぎ》

男児から子どもへの成長祝い。文字どおり初めて袴をはきます。

千歳飴は作るとき長くひっぱって伸ばすことから、「長生きできる」と七五三の縁起物に。

和装は七五三の由来にも通じ、一世一代の晴れ姿ですが、入学式などに着回せ、着付けが楽な洋装も人気です。子どもがどちらを喜ぶかも考え、家族で話しあってベストな選択を!

【七五三の由来】

七五三の起こりは、室町時代に始まった「帯解《おびとき》の儀」から。昔は「7歳までは神の子」といわれ、7歳は大切な節目の年でした。当時は7歳の男女が行っていましたが、江戸時代から女子は7歳、男子は5歳になり、その後、今の形に。3+5+7=15、それも収穫の月である11月が縁起がよいため、11月15日になったという説もあります。

準備と当日の段取り

1　お参りする神社、写真館、参加人数、衣装を決定。レストランなどで食事会をしたいときは、予約が必要かどうかを店に尋ね、当日は必要なら着替えも持参。記念写真は当日までに撮影する「早撮(はやど)り」が割引もきいて人気。

▼

2　前日は持ち物、着る物をすべて用意しておき、早めに就寝。

▼

3　当日は朝食をきちんととって。脱ぎ着のかんたんな前開きの服を着て、ヘアメイクや着付けをします。

▼

4　お参り、撮影。厄払いの祈祷(きとう)会に参加する場合は、子どもがむずからないよう、祈祷前にトイレを済ませておきます。

7歳　帯解《おびとき》

女児から子どもへの成長のお祝い。紐つきの着物から、大人のような帯結びに変わるので、「ひも落とし」ともいいます。

大人っぽくちょっぴりメイクを。唇を赤くぽつんと描き目尻にも紅をさす。

スナップ撮影では

- 後ろによからぬものが写っていた、なんてことがないよう背景もチェック。
- 正面からだけでなく、横顔や斜めの顔も撮ると自然。着物なら後ろ姿もぜひ!
- 着つけやヘアメイクなど、準備中の写真も記念に撮っておく。
- 神社によっては撮影できない場所もあるので、あらかじめ調べて、決まりに従います。

【人生の通過儀礼】

日本には、季節の節目だけでなく、人生の節目でもお祝いをしたり厄払いをしたりする習慣があります。

帯祝い

赤ちゃんを身ごもって5か月目の戌《いぬ》の日に、岩田帯《いわたおび》と呼ばれる腹帯を巻く。イヌが多産で、お産が軽いことにあやかった行事。

【お祝いのマナー】

妊婦の実家から贈るのが一般的。今は実用的なマタニティガードルを贈ることも多い。

お七夜《しちや》

生まれて7日目に、夫婦や両家の両親が集まって祝う。名前を書いた紙を神棚や床の間の柱に貼る。

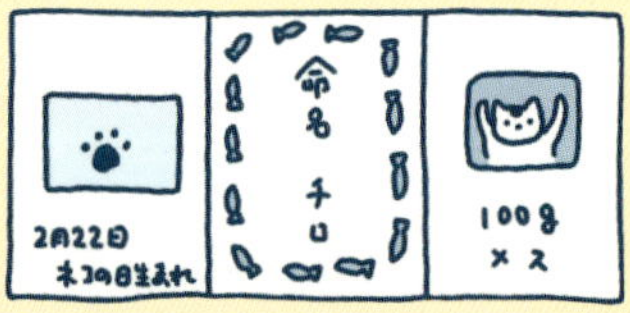

【お祝いのマナー】

赤飯、タイの尾頭つき、ケーキなど祝い膳にのせられるものを贈るか、「祝お七夜」として現金を贈る。

お宮参り

生まれた子を初めて家の外へ連れだし、近くの神社などにお参りして、その土地を守る*氏神様に知らせる。

【お祝いのマナー】

出産祝いを贈っている場合は、お宮参りのお祝いは省略しても可。逆に出産祝いをいただいた場合は、このころにお返しをする。

お食い初め

歯が生えはじめた100日めの子に箸で食べさせ、氏神の境内から拾ってきた小石3コを歯でふれさせる。歯が丈夫になり、食べ物に困らないようにとの願いをこめて行う儀式。

【お祝いのマナー】

離乳食の器を贈ると喜ばれる。

初誕生祝い

*満一歳の誕生日に、両家が集まって祝う。

【お祝いのマナー】

ベビー服などの実用品を贈るのが一般的。お返しは特に必要ないが、地方によってはお赤飯を配るところもある。

初節句

女の子は3月3日（→p40）、男の子は5月5日（→p80）に初めての節句を祝う。生後2か月くらいなら翌年に持ちこしてもよい。

【お祝いのマナー】

祖父母がひな飾りや五月人形を贈ることが多い。お返しは祝い膳で。

成人式

20歳になると大人の仲間入りをしたとして、郷里の自治体が主催する成人式などに参加して祝福を受ける。

【お祝いのマナー】

5000円～2万円くらいの現金や腕時計など、社会人らしいものを身内が贈る。いただいたら本人がお礼状を書き、大人の証《あかし》を示す。

結婚式

親もとの庇護《ひご》にあったのが、結婚を機にひとり立ち。*六曜でいう「吉」に行うのがよいとされる。

【お祝いのマナー】

披露宴に招かれたら、のし袋にお金を包んで贈る。いただいた側は、披露宴の食事や引き出物でお返しとする。

結婚記念日

5年目（木婚式）、10年目（アルミ婚式）、25年目（銀婚式）、50年目（金婚式）など、節目ごとに祝う。

【お祝いのマナー】

子どもや近親者が食事会などを主催することが多い。記念品でお返しをする。

還《かん》暦《れき》

数え年61歳（満60歳）。生まれた年の干支《えと》にかえってくるため、「生まれ直す」として祝う。

【お祝いのマナー】

昔は赤い座布団やちゃんちゃんこを贈ったもの。今は現役で働いている60歳も多いので、セーターなど実用品を贈ることが多い。

長寿祝い

還暦以降、節目の年齢（左表）ごとに長寿を祝う。「年祝い」ともいう。

【お祝いのマナー】

子どもや親戚から心ばかりの金品を贈る。お返しは不要。

古希《こき》	70歳	杜甫《とほ》の詩句「人生七十古来希《まれ》なり」に由来。
喜寿《かじゅ》	77歳	喜の草書体が七十七と見えることに由来。
傘寿《さんじゅ》	80歳	傘の略字が八十と書くことに由来。
米寿《べいじゅ》	88歳	米の字が八十八と書くことに由来。
卒寿《そつじゅ》	90歳	卒の略字が九十と書くことに由来。
白寿《はくじゅ》	99歳	百から一を引くと白になることに由来。

十一月二十三日

勤労感謝の日

きんろうかんしゃのひ

働くわたしとあなたにごほうび

明治6年、農作物の収穫を祝うために祝日がもうけられたのが勤労感謝の日の起こり。今では農作物に限らず、すべての生産を祝い、勤労をねぎらう祝日です。

新嘗祭《にいなめさい》

勤労感謝の起こりは、旧暦11月の第2卯の日(新暦12月中旬ごろ)に行っていた新嘗祭から。昔は神様に新米を供えて初めて、人も新米を口にできました。全国の神社で新穀を献納(けんのう)。

実るほど頭《こうべ》をたれる稲穂かな

勤労感謝

この日には、働く仲間と鍋パーティはいかが。最後のシメに、お米に感謝しつつごはんやもちを入れて食べるとオツ！

精米のしかたで味も姿も変わる米

●玄米《げんまい》　精米時にもみがらだけ除く。糠《ぬか》も胚芽《はいが》も健在なので、でんぷん、たんぱく質、繊維、ビタミンを多く含み、成人病予防の健康食品として人気。

●胚芽米《はいがまい》　特別な精米機を使って精米し、胚芽の保有率は80%以上。白米よりビタミンB_1、ビタミンEが豊富で玄米より食べやすい。

●白米《はくまい》　玄米から糠と胚芽を取りのぞいたもの。栄養分はやや失われるけれど消化がよく、見た目に白く美しい。口当たりもよくおいしい。

玄米
胚芽米
白米

新米をおいしく炊こう

とれたてのお米はねばりがあってピカピカ。
ふだんはパン食派の人も、きっと見直します。

これさえあれば何杯だって……

サンマの塩焼き
すだちをキュッ！　脂ののったサンマで、極上の秋献立。

納豆
ねぎを刻んでしょう油をポトリ。かきまぜてねばりを出す！

めんたいこ
ピリッと辛いめんたいこと新米は最強の取りあわせ。しっかり野菜もとってね！

お椀に盛ったごはん

1　米をとぐ(無洗米は不要)
米に残ったヌカや汚れを取るため、水を4～5回入れかえながら手早く洗う。昔は力を入れて洗ったけれど、精米技術が進んだ今は、素早く洗うほうが大切。目安は3分以内。

2　水につける
1時間水につけておく。新米はいつもより水をやや少なめに。どうしても時間がないときは、30度くらいの湯に30分ほどひたしてからスイッチオン。

3　炊く→蒸らす
炊きあがったら10～15分ほど蒸らし、ごはんをふっくらさせる。そのまま保温しているとべたつくので、新米の味を楽しむなら蒸れた後、スイッチを切ると◎。

4　混ぜる
蒸らし終わったら蓋を開ける。しゃもじで空気を入れるようにそっと混ぜて。水分をほどよく吸ってくれる木のしゃもじがおすすめ。

灯火親しむ候

——読書の秋

秋の夜長には本が友達。どんな本を読みたいか迷った日には、こんな選び方はいかが？

友達が読んでいる本を読む

友達に「好きな本は？」と思いきって質問。本は美意識や好みと深くかかわっているので、友達が大切にしている本は、自分も好きになれるタイプやジャンルの本だったりします。プレゼントしあったり、感想を話しあったりするのも新しい発見がありそう。

話題の新刊をチェック

新聞や雑誌、インターネットで取りあげられる書籍、雑誌は、今だからこそのタイムリーなテーマに満ちています。試しに読んでみると、知らなかった世界が開けるはず。また、大きな事件や出来事は、数週間以上たってから追跡取材によるルポが出ることも多いので、ノンフィクションの棚も興味深い。

長編小説はマンガから

いつ果てるともなく次から次へとお話が流れる長編小説は、ひとたび読みはじめれば登場人物が友達や家族のように思え、終わってほしくないほど熱中。マンガやドラマ、映画化されているものも多いので、読む前にチェックしておくと、読み進めやすくなります。

「見る」本の魅力

美しい絵や写真が散りばめられた画集、写真集、絵本は、文字量が少ないだけに、ふつうの小説を読むのとは違う感覚を刺激されて新鮮。手に取れるほど近くにあるのに、そこは手の届かない遠い場所。ながめているだけで想像が広がり、心に訴えかけてきます。

十二月

師走◆しわす

忙しすぎて先生（師）も走る走る

おこたが恋しい季節です。

十二月七日ごろ

大雪《たいせつ》

冬来たりなば春遠からじ

二十四節気のひとつ。大陸の低気圧が張りだして完全な冬型になり、動物たちが冬ごもりを始めます。あたたかい地域では、まだ紅葉が楽しめるところもあり、日本列島の長さを感じさせます。

風花《かざはな》

雲ひとつない晴れた青空から、ひらひらと散る雪のかけら。雪雲（ゆきぐも）から降った雪片が、風にのって流されてきたもので、すくいとろうとしてもすぐに溶けてしまいます。

初《はつ》雪《ゆき》

山国では紅葉と初雪が重なります。雪国のふもとではちょうど暦どおりにこのころから雪が降りだします。雪女伝説は、新雪をかぶった木が、透きとおるように白い女の姿に似ていることから生まれました。また、その年に初めて山が雪帽子をかぶる日を、初冠雪（はつかんせつ）といいます。

冬山で遭難しかけた若者が美しい女に会う。女は若者を助け、このことは誰にもいわないでと口止め。女の正体は、実は……。

氷花《こおりばな》

朝に氷点下になるとできる遊び。夜のうちにホーローの器やガラスコップに花か花びらを入れ、水を張って外に出しておきます。翌朝になると水が凍って、幻想的な花ができます。

冬のお手入れ110番

外はからっ風、お部屋は暖房。冬の肌と髪は大打撃を受けます。

その日のトラブルはその日のうちにケア。あれっと思ったら、すぐ実践！

スキンケア

大気が澄んだ冬の日射しは夏より強いことも。

冬でも晴れた日の外出はＵＶケアをおこたりなく。


こたつの中で寝てお肌ばりばり！

電子レンジでおしぼりをチン→広げて熱を冷まし、顔の上へ→蒸気で毛穴が開いてから、よーく石けんを泡立てて洗顔→お肌しっとり。

油断して日焼けしちゃった！
冷水または精製水でコットンパックしてほてりを沈める→マスクシートなどに美容液（美白効果のあるもの）をひたしてパック→サプリメントか柑橘類でビタミンCを補給。効率よく吸収できるよう、牛乳や卵など良質のたんぱく質もとる→ぐっすり眠って→お肌つるつる。

ヘアケア

お顔ほど目立ちませんが、肌がトラブルを受けたら、
髪もそれ以上に泣いています。

木枯らしで髪がばりばり！

洗髪前のプレケアが勝負。地肌にオリーブ油かツバキ油など、オイル3〜4滴をよくもみ込んでマッサージ→シャワーキャップをかぶって入浴して蒸らす→毛穴が開いてからシャンプー→よくタオルドライ→ドライヤーでさっと乾かせばツヤツヤ！

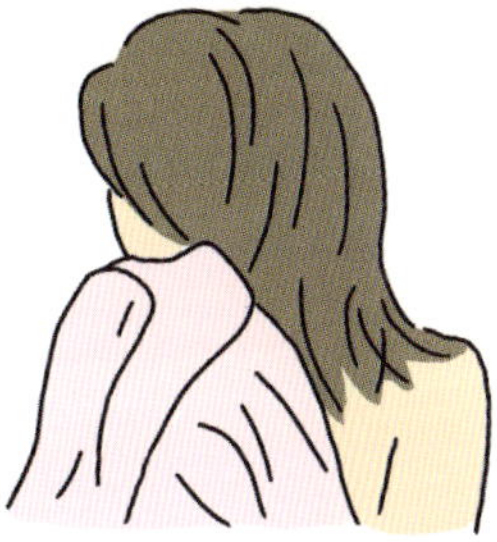

ボディケア

寒さで血行が悪くなったり、暖房で肌が乾きやすいとき。

「あたため」が基本です。


ひじやひざがカサカサ！

お風呂にまさるケアなし。本など持ちこんで、ぬるめの湯にできれば15分はつかっていたい。上がったら乾燥しないよう、すぐにオイルやクリームをすりこみます。

肩こり、腰痛がひどい…
大きなバッグを肩かけしていませんか。また、厚手のコートが肩こりの原因になることも。足湯をして、下半身から血行をよくしましょう。ヒノキのお風呂桶やアロマオイルを使えば、香りでリラックス効果も。

十二月八日など

正月事始め《しょうがつことはじめ》

「事」を単に年とする地方では12月8日を事始め（事納めは2月8日）、「事」を農業とする地方では12月8日を事納め（事始めは2月8日）といいます。一年間、ご苦労様という気持ちをこめて家の道具を片づけ、新年を迎えるしたくを始めましょう。

お正月を準備する

針《はり》供養《くよう》

着物の時代、針はなくてはならないものでした。折れても捨てずにしまっておき、12月8日か2月8日に、豆腐やもちなどに刺して供養したものです。一年間ありがとう。

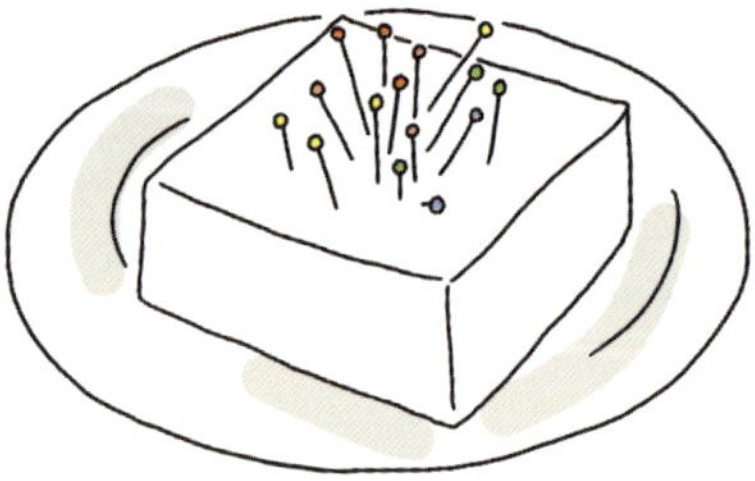

ひとつ目小僧

この日、親のいうことをきかない子のところには、「山からひとつ目小僧が下りてくる」という言いつたえが。忙しい年末、掃除や買い物のじゃまをしないための子どもへのいましめ？

コラ〜

正月準備リストを作ろう

□もち	真空パックならひと月前から購入しても大丈夫。
□乾物類	昆布、大豆、しいたけなど。安いときにまとめ買いを。
□根菜	芋、ごぼう、大根類はクリスマス後の購入が目安。
□生鮮食料品	保存がきかないので年末ぎりぎりに購入。
□市販のおせち	賞味期限に注意。注文おせちは早めに予約。
□正月飾り	一夜飾りは縁起がよくないので27日ごろまでに買う（→p209）。
□正月用菓子	30、31日に購入。
□衣類	元旦は新調した服がよい。せめて下着だけでも新しく。
□年賀状	元旦に届くようにするには15日から25日ごろまでに投函。
□日記、家計簿、手帳	新年の大切な準備のひとつ。
□カレンダー	書店、文具店、通販でじっくり吟味して。
□ぽち袋	コンビニにはないことが多いのであらかじめ準備。

あっ 年賀状 買っておかなきゃ
年賀状はお早目に!

かんたんチャレンジ

手作りぞうきん

じゅうぶん使ったタオルは水をよく吸うので、ぞうきんにぴったり。
大掃除を前にリサイクルしてみては？

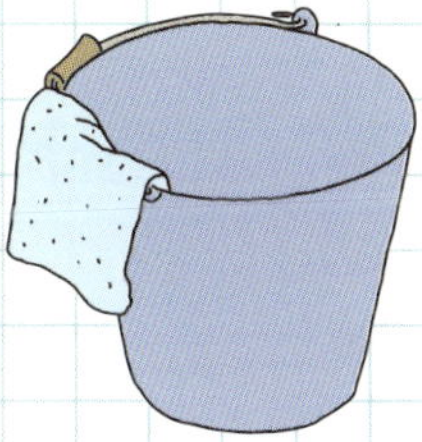

用意するもの
薄手のタオル1枚

コツのコツ
タオルの両端をカットしておくとゴツゴツしなくて縫いやすい

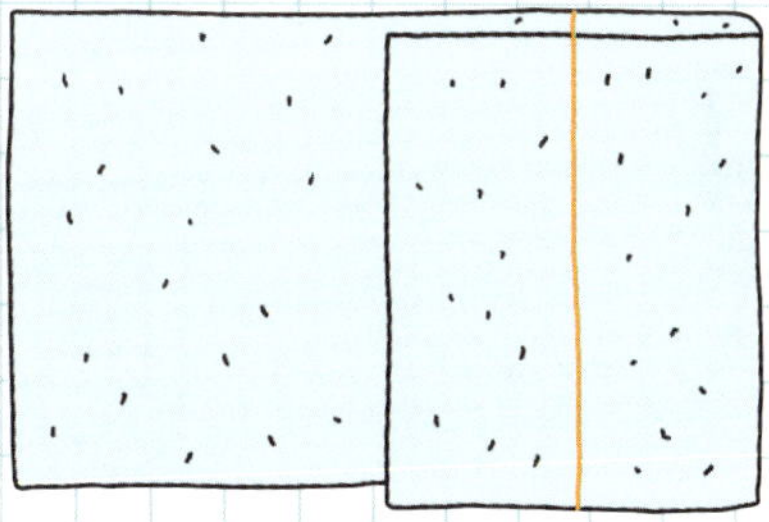

1 タオルを横長に広げ、中心に折り目（黄色い線）をつけてから、中心より向こう側に端が来るように折る。

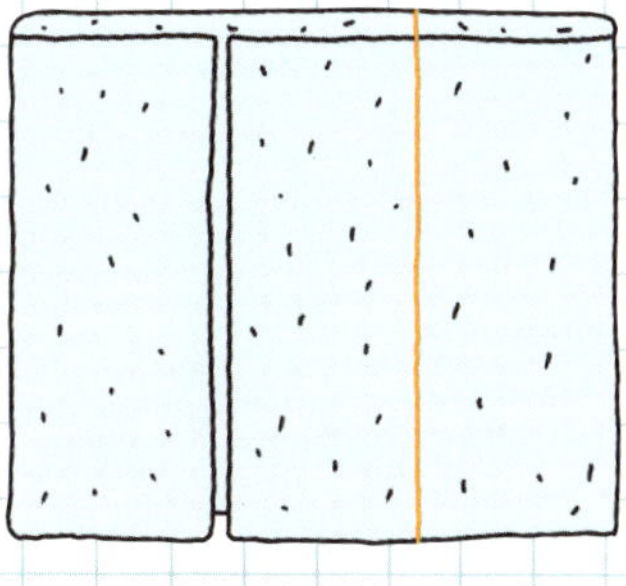

2 反対の端も折って両端を突きあわせる。

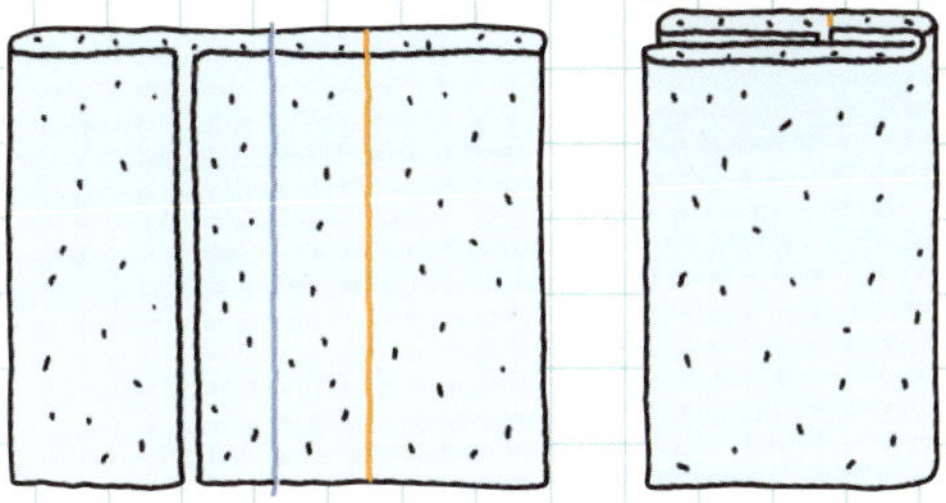

3 2を真ん中からふたつ折り（青い線）。こうすると、両端が内側に折り込まれるのでほつれにくくなる。

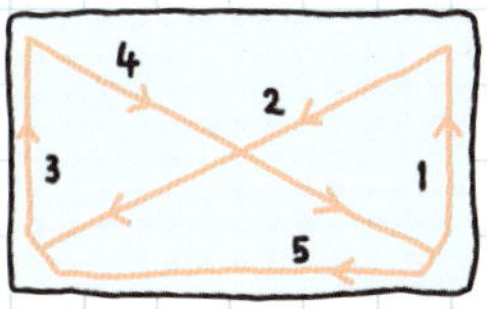

4 ミシンでフチと「×」（茶色い線）を縫う。ミシンがなければ手で細かく縫ってもＯＫ。

十二月 正月事始め

十二月十三日

すす払い《すすはらい》

12月13日に江戸城がすす払いを行っていたことに由来。一年間にたまったホコリを払い、隅から隅まできれいにすると、年神様がたくさんのご利益をもって降りてきてくれるとされています。

運を呼ぶ大掃除

大掃除は準備と天気が大切。
天気予報をチェックして晴れて少し風のある日を選んで。
大量に水を使うのでお風呂の残り湯を再利用、
前夜のお風呂の湯は抜かないでおきましょう。

準備は

1 汚れの種類とランク分け

汚れの度合いによって必要な洗剤や道具が違ってくるので、
前日までに家中を点検し、次のA、B、C、Dに分けておきましょう。
気になる箇所に紙を貼っておくと忘れない！

A 砂、ホコリによる汚れ

B 皮脂、手垢（てあか）、水垢などの生活汚れ

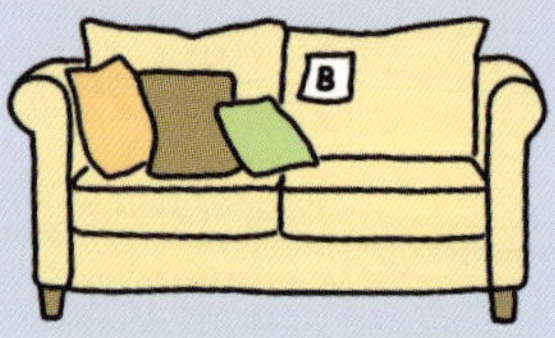

C 油やヤニなどのガンコな汚れ

D いたずら書き、シミ、カビなど特殊なもの

2 必要な道具を用意

A ホウキ、モップ、はたき、古ストッキング（静電気がホコリを取る）

B 中性洗剤、バケツ、水拭き用ぞうきん、から拭き用ぞうきん、古布、古新聞紙（ガラスの汚れをインクの油分で落とす）、スプレー容器など

C 住居用洗剤、ゴム手袋、ラップまたはキッチンシート（洗剤をしみこませ、湿布のように貼って使う）

D シミ抜き、カビ取り剤（説明書をよく読んでから購入）

当日は

きれいにしたところを汚してしまわないよう、次の手順で進めます。

●天井→壁→床というように、上から下が基本。
●押入れ→戸棚→テレビの下など奥まったところから手前に。

すす払い、一日のスケジュール

時間	作業
9:30	照明器具を外し、洗って乾かしておく。
10:00	天井のホコリを、はたきか古ストッキングを巻きつけたホウキで落とす。
11:00	ガスレンジ、換気扇・レンジフード、冷蔵庫などの備品を外し、つけ置き洗いする。
11:30	つけ置きしているあいだに昼休憩。
13:00	複数いればふた手に分かれる。つけ置き洗いを順次すすいでいくグループと、部屋を掃除するグループ。A、B、C、Dのランク分けにしたがってリビング、キッチン、浴室などを上から下へ掃除していく。床は最後に掃除機をかけて水拭き、畳はから拭き。
15:00	出入りの多い玄関とトイレを最後に掃除する。
16:00	すっきりきれいになった部屋に、照明器具を取りつけて終了。

ふだん目が届かない汚れを撃退

玄関

ドアやインターホンは手垢、下駄箱の中や下、たたきは砂ボコリで汚れているもの。ホコリを払う→掃除機で吸いとる→汚れがひどい箇所は、洗剤をひと吹きしたぞうきんでこすり取る。

窓

カーテンを外してつけ置き洗い→レールの上にたまったホコリを掃除機で吸いとる→洗剤をスプレーしたぞうきんでレールを拭く→新聞紙を濡らして窓を拭き、水気が乾かないうちに乾いた新聞紙でから拭き→レール、ガラスが乾いたらカーテンを装着。晴天なら脱水後レールに吊るしておけば自然に乾いて手間いらず。

換気扇

電源を切ってから外す→ひどい汚れをパテナイフなど固いものでこそぎ落とす→たらいに40〜50度の湯を張り、つけ置き用洗剤を溶かして30分〜1時間放置→よくすすぎ、しっかり乾いてから装着。

十二月中旬ごろ

お歳暮《おせいぼ》

日ごろお世話になっている人に一年間の感謝の気持ちをこめて、来年もよりよいおつきあいをしていただけるよう贈ります。嫁いだ娘や分家の者が、正月用のお供え物を本家に届けたのが起源です。

今年もお世話になりました。

いつ贈る？

12月初めから25日までに相手に届くように。関西では12月13日ごろから25日ごろまでが目安。年を越してしまいそうなら、のしを「お歳暮」から「お年賀」（新年～1月7日まで）または「寒中お見舞い」（1月8日～2月4日の立春ごろ）に変えれば大丈夫。

何を贈る？

冬のボーナスに重なることと、一年の感謝をこめて贈るということから、お中元よりもやや高めの品を選ぶ人が多いようです（ただし決まりではありません）。ハムや数の子、新巻鮭（あらまきざけ）など、保存がきく正月食料品やお酒、調味料が人気です。

冬が旬のサケは「裂ける」に通じ、縁起がよくないことからワラで巻いて贈るようになりました。

【まめ知識】

お中元（↓p124）やお歳暮の箱に巻く熨斗《のし》紙は、もとは伸《の》したアワビを、絵に描いて簡略化させたもの。だから「のし」というわけ。アワビは干すと栄養価が高く長もちするため、結婚式や神事《しんじ》の際には最高のおもてなしとして添えられました。もとのアワビが生ものなので、肉や魚などの生ものにはのしはつけません。

十二月二十二日ごろ

冬至《とうじ》

冬のまん中の日

太陽の位置が一年でもっとも低くなり、夜が一番長くなる日。夏至（げし）と比べると日照時間は約5時間もの差。翌日から日が延び、陰が極まって再び陽にかえる日なので「一陽来復（いちようらいふく）」といい、この日を境に運が向くとされます。

かぼちゃ

ビタミンA、C、カロテンがたっぷり。冬至に食べると風邪や中風（ちゅうぶ・現代の脳出血）にならないと昔からいわれます。本来、夏が旬ですが、冷暗所で保存すれば冬までもちます。緑黄色野菜が不足する冬にこそ食べたいですね。

ゆず湯

熱いお風呂にゆず玉をいっぱい浮かべて……。ビタミンCやクエン酸が豊富なゆずは冷えた体をあたため、風邪予防にも。「*湯治（とうじ）」にかけて、「冬至にはゆず」となりました。

冬至粥《とうじがゆ》

あずきの赤は太陽を意味し、魔除けの色。冬至にいただけば厄払いに。

運盛《うんも》り

冬至には「ん」のつくものを食べると「うん」（運）が呼びこめます。かぼちゃも「南瓜」（なんきん）なので「ん」。「い」で始まる*いろはにほへと47音が「ん」で終わることから、「ん」は一年の終わりもあらわしています。

十二月二十四日、二十五日

クリスマス《くりすます》

サンタがおうちにやってくる

キリストの生誕（せいたん）と、古代ヨーロッパの冬至の祝祭が結びついた祭り。日本へは１５４９年、*フランシスコ・ザビエルのキリスト教伝来により、宗教行事として伝わりました。世界中の子どもたちが楽しみにしている、大きな行事のひとつ。

ふだんのサンタさん

クリスマス以外の時期、サンタクロースは、子どもたちの願いや、
プレゼントのリクエストについて調べています。
世界中の子どもたちから来た手紙に、返事を書くこともあります。

トナカイは草食動物。コケ、
にんじん、パンなどを食べる。

イブの日のサンタさん

24日、陽が沈むとトナカイの引くソリに乗りこむ。
ひと晩で世界中の子どもたちにプレゼントを配る。
袋の中にすべてのプレゼントを詰め
一夜で地球を駆けめぐる！

【クリスマスの由来】

12月25日の朝は、日本でも、どこかおごそかな感じがします。諸説あったキリストの誕生日が、12月25日に定められたのは、古代からあった冬至の祭りがキリスト信仰と結びついたため。冬至に近いこの日は、太陽も休んでいると考えられ、静かにしないと太陽が戻ってこないと信じられてきました。クリスマスという言葉は「キリストのミサ」からきています。

クリスマス・リース

殺菌作用のあるモミや、*キリストの受難を象徴するヒイラギを輪にした飾り。無病息災や魔除け、豊作の祈りをこめ、ひと月前ぐらいから玄関に飾ります。日本でいえば注連（しめ）飾り（→p 209）のような役割を果たしています。

ツリー

冬でも葉を落とさないモミかその仲間の木に、花や食べ物を飾って、木に神様がとどまるように祈ります。イルミネーションは、緑のすきまからきらめいている星をあらわします。

てっぺんに飾る星、トップスターは、キリストが生まれたとき、東の空に輝いたという星。

クリスマスカラー

赤はキリストの流した血、白はキリストの純潔、緑は永遠の命を象徴する常緑樹からきています。プレゼントはぜひクリスマスカラーに包んで。

トウダイグサ科の常緑性低木ポインセチアは、赤と緑のクリスマスカラー。

クリスマス・ソング

19世紀、音楽の国オーストリアの小さな村では、クリスマスの夜には司祭が作った曲を歌っていました。司祭が去り月日がたち、オルガン修理者がふたを開けると、置き忘れられた古い楽譜が。弾いてみたところこの曲をとても気に入り、各地で弾くように。やがて世界中に広まりました。それが「きよしこの夜」です。

クリスマスのごちそう

野菜のとれない冬なので、
クリスマスのごちそうはとても素朴です。

七面鳥《しちめんちょう》

イブのメインディナー。17世紀にイギリスからアメリカへ移り住んだ人々が、収穫祭に野生の七面鳥を食べたことがヨーロッパへ伝わり、クリスマスメニューとして定着。米など秋の収穫物を詰めて焼きます。

しょうが入りクッキー

ツリーや七面鳥など、クリスマスにちなんだ形のクッキーを焼いて食べる。日もちのするしょうが入り。肉を買うことができなかった人々が焼いたのが始まり。

牛乳

牛乳がごちそう？　そうなのです。牛乳はかつて貴重な飲み物で、クリスマス以外は口にすることができませんでした。冬が厳しい北欧の国々では、村中から牛乳を集めて、子どもたちに飲ませたといいます。

りんご

保存のきくりんごは、野菜の少ない冬にビタミンを補給できる、とても貴重な果実。ドイツでは自然からの贈り物の象徴として、木に吊るし聖夜を祝います。

クリスマスの名作

プレゼントにもぴったり。でもクリスマスの物語はなぜか悲しいものが多い？

●「マッチ売りの少女」アンデルセン作

マッチ売りの少女が、一本のマッチからあたたかい夢を見て天に召されていく。

キーワード：マッチと火

火は闇の世界を照らす光の象徴。クリスマスの夜にろうそくを灯したのは、冬至の深い闇を明るくするためだったといいます。今はキャンドルライトを飾ったりしますね。

●「くるみ割り人形」ホフマン作

クリスマスの夜、くるみ割り人形をプレゼントされた少女が見た、一夜の夢。

キーワード：プレゼント

サンタクロースは、貧しい人々の家に煙突から金貨を投げいれたという善意の人、セントニコラスがモデル。それにちなんで、クリスマスの日には親しい人や家族どうしでプレゼントを交換しあいます。

かんたんチャレンジ

ブッシュ・ド・ノエル

フランスの代表的なクリスマスケーキ。クリスマスの薪(たきぎ)という意味です。
市販のロールケーキを使えば、
クリームを絞って飾りつけるだけなので、かんたん！

材料(1本分)

市販のチョコレートロールケーキ…1本
砂糖…小さじ2(ケーキの甘さにより調節)
生クリーム…120cc
チョコレートシロップ…大さじ3
粉砂糖…小さじ1
ヒイラギの葉など、クリスマスの飾り

1 ボウルに砂糖と生クリームを入れて角が立ってくるまで泡立てたら4分の1くらいを取り分けておく。残り4分の3にはチョコレートシロップを加え、さらに泡立てる。

2 ロールケーキの左端を少し斜めに切り落とす。土台となるケーキの右上に、1のチョコレートシロップ入りクリーム(以下チョコレートクリーム)を少々のせ、それを糊のかわりにして、切り落とした部分をちょこんとのせる。

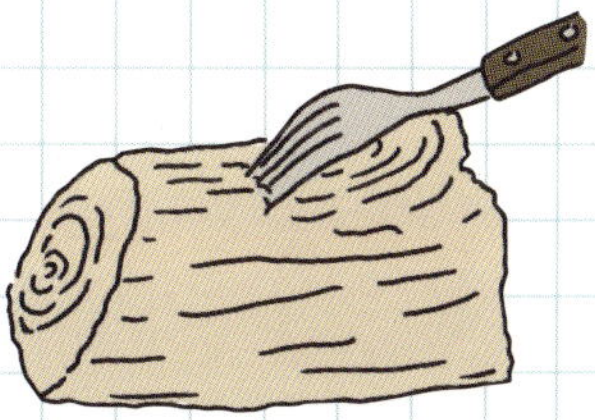

3 2をくずさないように注意して、全体にチョコレートクリームを塗ってから、フォークでひっかくようにして木目をつける。

4 1で取り分けておいた白いままのクリームをさらに泡立てて絞り袋に入れ、切り口にうず巻き状に塗って、年輪に見立てる。

5 粉砂糖を茶こしで雪のようにふりかけ、ヒイラギやサンタクロースの人形、木の実、いちごなど好きな飾りをのせる。

十二月の
中旬～下旬

歳の市《としのいち》

クリスマスが終わると、街は一気に正月ムードに。神社には正月飾りや乾物を売る市が立ち、商店街や市場には、ごちそうのための生鮮食品が勢ぞろい。露店をのぞいたり、おせち料理の材料を買ったり。混んでいればいるほど楽しい、年末の一日をぜひ。

年の暮れの風物詩

縁起物

歳の市では、門松、だるま、羽子板、神棚、七福神（しちふくじん）や招き猫の置き物、注連（しめ）縄など、あらゆる縁起物が買えます。デパートにも並びますが、露店は値切る楽しみがありますね。

食材

おせちの材料や新鮮な魚介。一年で最高のごちそうをながめ選べる、至福のひとときまき……。

日用品

下着、靴、鍋など。正月に向けて新しいものをそろえるのは、清めでもあるのでぜひ何かを一新。

【注連縄《しめなわ》の由来】

神棚、玄関、床の間などに飾って神の居場所を区切る注連縄は、日本神話が由来。イタズラ好きの弟神を怒って天照大神《あまてらすおおみかみ》が岩の中に引きこもったとき、ほかの神々が岩のそばで踊りを踊ってみせて、天照大神の興味を引きました。天照大神が何事だろうと岩戸の外へ顔を出したスキに、別の男神が岩に縄を張って、天照大神が二度と隠れることのないようにしたことが始まり。つまり「しめ」縄の「しめ」は神の占めた場所という意味。

正月飾り

歳の市に並ぶ正月飾りには、葉ひとつにも由来があります。
門には門松、玄関には注連飾り、床の間か、なければ高いところに
鏡もちをお供えして正月の年神様が降りてくる目印に。
29日は「二重苦」「苦松」、31日は葬儀と同じ「一夜飾り」になるので、
26日〜28日、30日に飾ります。

門《かど》松《まつ》

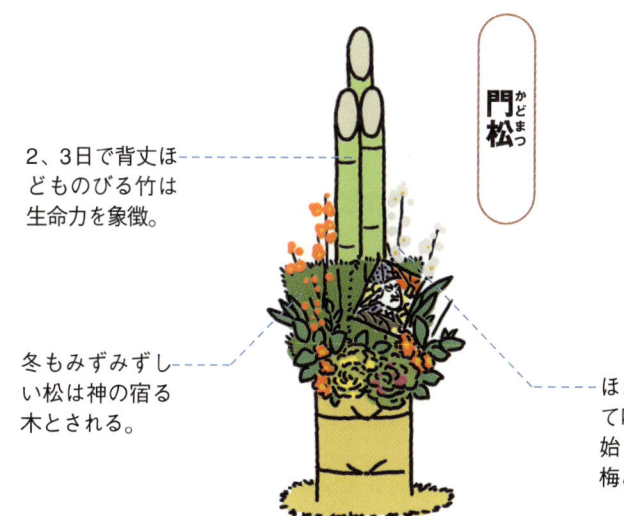

2、3日で背丈ほどものびる竹は生命力を象徴。

冬もみずみずしい松は神の宿る木とされる。

ほかの花に先がけて咲く梅は一年の始まりを意味。紅梅と白梅を飾る。

夫婦仲良く子孫繁栄、新年を喜び厄をはらって豊作を祈る……万感の願いをこめた正月飾り。

鏡もち

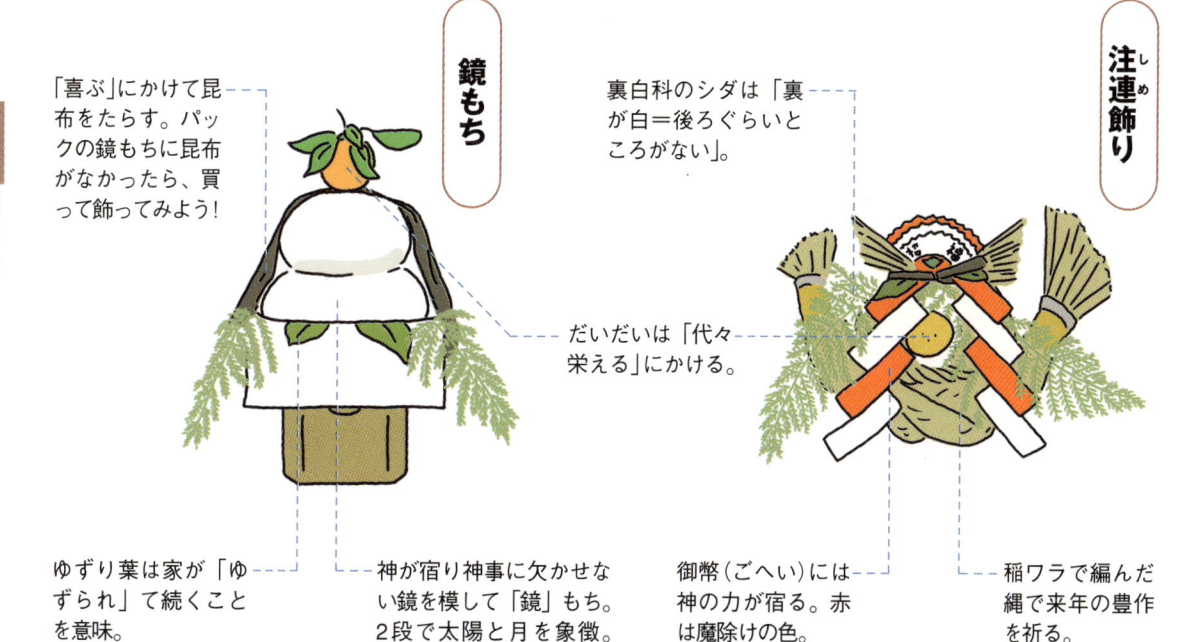

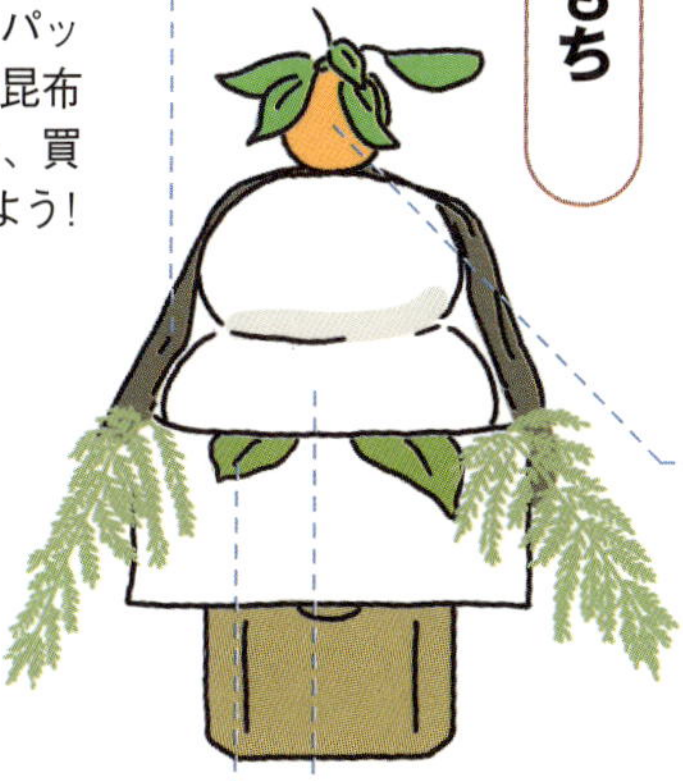

「喜ぶ」にかけて昆布をたらす。パックの鏡もちに昆布がなかったら、買って飾ってみよう！

ゆずり葉は家が「ゆずられ」て続くことを意味。

神が宿り神事に欠かせない鏡を模して「鏡」もち。2段で太陽と月を象徴。円満に年を重ねる意味も。

だいだいは「代々栄える」にかける。

注連《しめ》飾り

裏白科のシダは「裏が白＝後ろぐらいところがない」。

御幣（ごへい）には神の力が宿る。赤は魔除けの色。

稲ワラで編んだ縄で来年の豊作を祈る。

十二月三十一日

大みそか《おおみそか》

大切な人たちと一年を振り返る

一年の最後の日。月末を晦日（つごもり）というので、大つごもりともいいます。ゆく年と来る年の境である深夜12時までに、数々のしめやかな行事が行われます。家庭では除夜の鐘に耳をかたむけ年越しそばをすすりながら、過ぎゆく一年を振り返ります。

年越しの祓《はらえ》

夏越しの祓（6月30日）から半年が過ぎ、今度は7月から12月までの厄落としをします。人間の罪を人形（ひとがた）に移して川に流したり、かがり火を焚（た）いたりします。

人形に名前と生年月日を書いて神社へ持っていくと、水や火で清めておはらいをしてもらえる。

御用《ごよう》納《おさ》め

仕事が終わる日をいい、官公庁や学校は12月28日。企業や商店は30日や31日を御用納めとするところも。朝から書類整理や掃除、あいさつ回りなどで大忙し！

年籠《とし》も《ご》り

大みそかの夜、寝ないで年神様（初日の出）を待つことを年籠もりといいます。ウッカリ寝てしまうと、「シワが増える」「白髪が増える」なんて恐ろしい言いつたえも！　どうしてもまぶたが重くなったら、「寝る」ではなく「稲積む」（いねつむ）というと、魔力からのがれられます。

二年参《にねんまい》り

大みそかの深夜12時ごろ、年をまたがってお参りすること。参拝客のために公共交通機関も終夜営業。夜通し動いている電車というのもちょっとファンタジック。

年越《としこ》しそば

家庭で作るのもよし、出前を頼んでのんびりいただくのもよし。ねぎは「ねぐ」=「祈る」という意味があるのでぜひ入れて。ゆで汁にもそばのビタミンがたっぷり溶けこんでいます。そば湯、そば茶にして飲みましょう。そうしている間に除夜の鐘が聞こえてくるのです。

年越しそばの呼び名と言いつたえ

- ●寿命そば　そばのように長くのびる（長生きできる）。
- ●運気そば　鎌倉時代、博多の承《しょう》天《てん》寺が町人にそばをふるまったところ、次の年から皆の運が上向いてきた。
- ●福そば　金銀細工師が散らかった金粉を集めるのにそば粉を使うので、そばは金を集める縁起物といわれた。
- ●縁切りそば　一年の労苦を忘れられる。そばはよく切れるため。

音をたてて汁ごとずずーっとすすりこむのが粋！

除夜の鐘

仏教では、人間には108の煩悩（ぼんのう）があるといわれています。そこで鐘の音で、煩悩をひとつずつ取りのぞいていきます。107回は旧年のうちにつき、残りの1回は新年に。

「怒り」「嫉妬《しっと》」「疑い」「欲望」……煩悩を洗いながす、癒しの鐘。

日々のうるおい、「ハレ」と「ケ」

古来より、日本人は、木にも火にも水にも、神が宿っていると感じてきました。数えあげれば八百万にものぼるでしょう。これを「八百万《やおよろず》の神」といいます。日本に伝わるさまざまな祭りは、八百万の神を信じることから始まりました。

神様のイタズラ?

八百万の神は、小さないたずらも、大きな災害も起こします。道ばたの祠《ほこら》のお供え物がいつのまにかなくなっていたり、山に入っていった子がそれきり帰って来なくなったり、川をあふれさせたり、台風を起こしたりします。

「神様が食べてくれた」「(子どもは)神隠しにあった」「川の神が怒った」など、事あるたびに、人は神のおかげ、神のせいとしてきました。

ハレと祭り

そんな神をなだめるために、人々は水や火を使って祭りをつかさどるようになります。春には万物の神に踊りをささげ、夏にはものを腐敗させる、よくない力をはらい、秋には稲の神様に感謝します。

お祭りは、平安時代ごろは宮中で行われていましたが、やがて農村にも普及し、江戸時代には、商家や町民も、華やかに行うようになります。そうした行事の晴れやかさ、ケガレを落とした後の気持ち

のすがすがしさを「ハレ」と呼ぶようになりました。「秋晴れ」「晴れ晴れ」「晴れ舞台」といったさわやかな言葉も次々生まれました。

ケと日常

陰鬱《いんうつ》な気分や、何かよくない力、病気、稲でいえば枯《か》れた状態は「ケガレ」、つまり「ケ」です。もしもこの「ケ」がなく、毎日がお祭りだったら、それはとてもつまらないものになってしまうかもしれません。ケがあるからこそ、ハレもあるということで、ケは「日常」、ハレは「非日常」ということもできます。

ハレとケはワンセット

日々にハレとケがあるように、ひとりの人の日々のなかにも、光の部分と陰の部分はあります。よくないことが起こると、「明日はきっとよくなる」と自分を励ましたり、いいことが起こると、「悪いことの前ぶれかもしれない」と、喜びすぎるのをいましめたりします。宝くじがあたると厄払いする人もいるくらい。まさに、「禍福《かふく》はあざなえる縄のごとし」なのです。

ハレの日や、嬉しいことを大切にするということは、そうでない日も大切にするという考え方につながっているのでしょう。このことは、日本人の暮らしのメリハリやこころの陰影と、深いかかわりをもっています。

季節のめぐりと暦

二十四節気について

一年を24等分して15日ごと（ほぼ半月）に分け、それぞれの期間の季節の変化を「立冬」や「啓蟄《けいちつ》」など、天候や生き物の様子であらわしたものを二十四節気《にじゅうしせっき》といいます。月の満ち欠けを基にした太陰暦の日づけと季節感とのずれをなくすために、太陽の動きを基にして、中国で編みだされました。この、二十四節気のそれぞれの15日間を、3等分して5日ごとに細かく分けたのが、「雪下出麦」（ゆきわたりてむぎのびる）などの「七十二候《しちじゅうにこう》」です。これらはお天気に左右されやすい農作業や日々の暮らしに欠かせないものでした。漢字からも、季節を感じられますね。

暦と季節感がずれているわけ

8月初め、「暦のうえでは秋ですが……」と立秋を知らされても、まだ梅雨が明けたばかりのような暑さの中ではピンとこないもの。また、立春も寒いさなかの2月であり、「春」といわれてもなかなか実感がわかないことでしょう。

このズレにはふたつ理由があります。ひとつは、気温の変化は光の変化より2週間ほど遅れるため。もうひとつは、二十四節気が中国古代文化の中心地であった黄河《こうが》流域、今でいう中国の華北《かほく》地方で作られたためです。この地方は、大陸性気候で乾燥しているため、温暖で海洋性の日本とでは、時として季節感に大きなズレを生じさせます。

四季と二十四節気

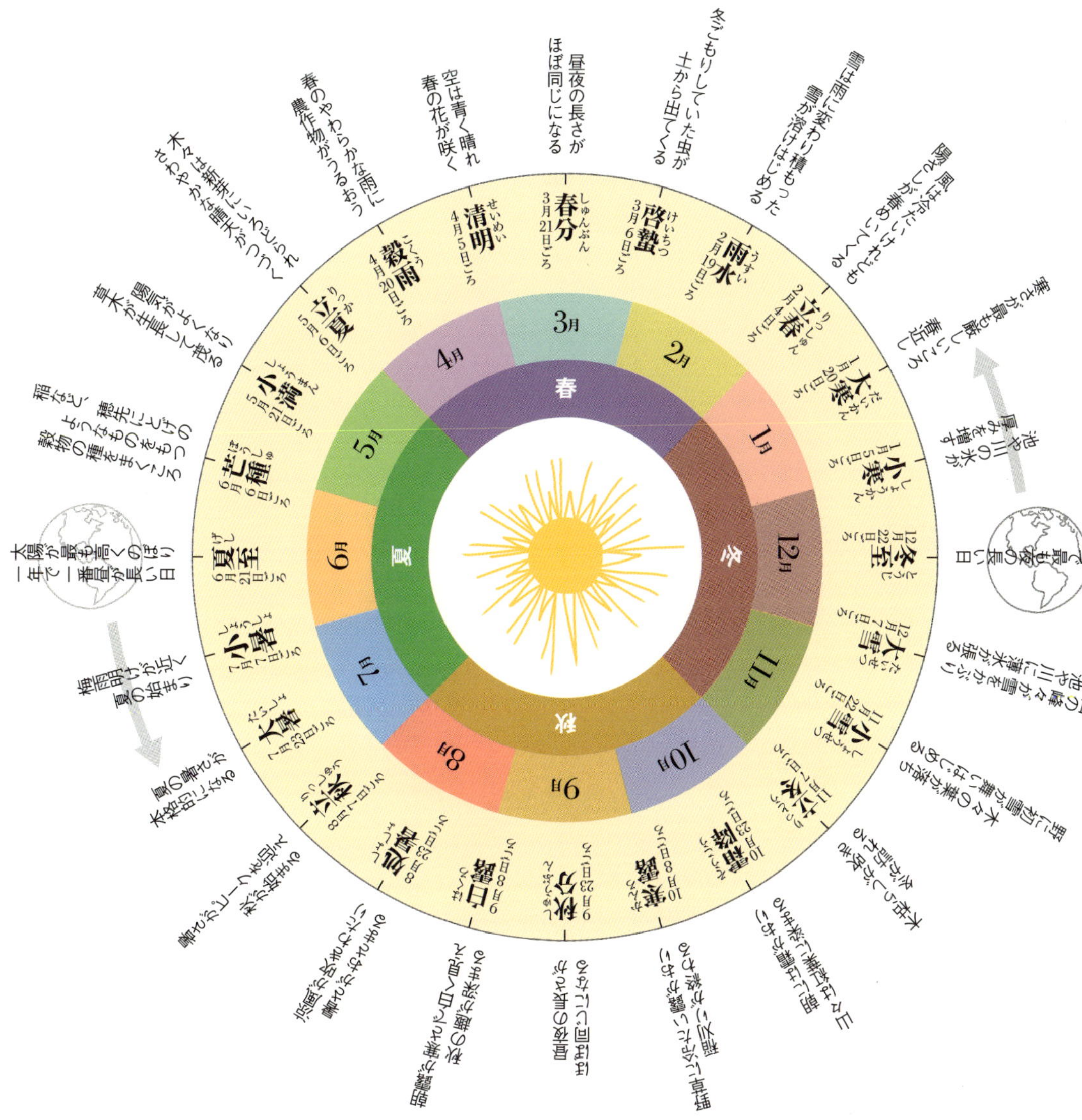
春
夏
秋
冬
1月
2月
3月
4月
5月
6月
7月
8月
9月
10月
11月
12月
立春《りっしゅん》 2月4日ごろ
寒さが最も厳しいころ 春近し
雨水《うすい》 2月19日ごろ
風は冷たいけれども 陽ざしが春めいてくる
啓蟄《けいちつ》 3月6日ごろ
雪は雨に変わり積もった 雪が溶けはじめる
春分《しゅんぶん》 3月21日ごろ
冬ごもりしていた虫が 土から出てくる
清明《せいめい》 4月5日ごろ
昼夜の長さが ほぼ同じになる
穀雨《こくう》 4月20日ごろ
空は青く晴れ 春の花が咲く
立夏《りっか》 5月6日ごろ
春のやわらかな雨に 農作物がうるおう
小満《しょうまん》 5月21日ごろ
木々は新芽にいろどられ さわやかな晴天がつづく
芒種《ぼうしゅ》 6月6日ごろ
陽気がよくなり 草木が生長して茂る
夏至《げし》 6月21日ごろ
稲など、穂先にとげの ようなものをもつ 穀物の種をまくころ
小暑《しょうしょ》 7月7日ごろ
太陽が最も高くのぼり 一年で一番昼が長い日
大暑《たいしょ》 7月23日ごろ
梅雨明けが近く 夏の始まり
立秋《りっしゅう》 8月7日ごろ
夏の暑さが 本格的になる
処暑《しょしょ》 8月23日ごろ
暑さがピークを迎え 秋が始まる
白露《はくろ》 9月8日ごろ
涼風が吹きわたり 暑さがおさまる
秋分《しゅうぶん》 9月23日ごろ
朝露が寒さで白く見え 秋の趣が深まる
寒露《かんろ》 10月8日ごろ
昼夜の長さが ほぼ同じになる
霜降《そうこう》 10月23日ごろ
野草に冷たい露がおり 稲刈りが終わる
立冬《りっとう》 11月7日ごろ
朝には霜がおり 山々は紅葉に染まる
小雪《しょうせつ》 11月22日ごろ
木枯らしが吹き 冬が訪れる
大雪《たいせつ》 12月7日ごろ
木々の葉が落ち 野に初雪が舞いはじめる
冬至《とうじ》 12月22日ごろ
山の峰々が雪をかぶり 池や川に薄氷が張る
小寒《しょうかん》 1月5日ごろ
一年で最も夜の長い日
大寒《だいかん》 1月20日ごろ
池や川の氷が 厚みを増す

雑節について

二十四節気のほか、季節を知らせる日の総称が雑節《ざっせつ》です。米を作ったり魚を捕ったりする暮らしのなかで、二十四節気では今ひとつ目安に足りないため、自然に生まれてきたものです。ほかにもさまざまな由来があるため「雑節」と呼ばれるようになりました。

おもな雑節

節分	立春の前日、2月3日ごろ。 鬼はらいの豆をまき、邪気をはらう習慣がある。
彼岸	春分の日と秋分の日を それぞれ中日(ちゅうにち)とする７日間。
社日《しゃにち》	春分と秋分に最も近い戊(つちのえ)の日、 土地の神様をまつる。 春の社日には五穀の種子を供えて豊作を祈り、 秋の社日には初穂を供えて収穫を感謝する。
八十八夜	立春から88日目。 春と夏の境目であり、農業を始める目安となる。
入梅	立春から数えて135日目。 暦のうえでの梅雨入り。
半夏生《はんげしょう》	夏至から11日目。このころから梅雨が明ける。
土用	立春、立夏、立秋、立冬の前各18日間。 現代では立秋の前の夏の土用をさす。
二百十日	立春から210日目。台風襲来の時期。
二百二十日	立春から220日目。 二百十日とともに農家の厄日(やくび)とされる。

十二支と方位

十二支と方位

中国や日本には、すべてのものは木・火・土・金・水から成り、それぞれが「陽」＝兄《え》、「陰」＝弟《と》に分かれるという考え方（陰陽道《いんようどう》・五行説《ごぎょうせつ》→p219）があります。五行と兄弟（えと・干支）を掛け合わせると5×2＝10の組み合わせ（十干《じっかん》）ができます。十干は、甲《きのえ》（木の兄《え》）、乙《きのと》（木の弟《と》）、丙《ひのえ》（火の兄《え》）……などと呼ばれ、十二支と組み合わせて、60年で一巡します。60を「還暦」といって祝うのもこのためです。

十二支は、はじめは月の記号として使われていましたが、やがて、年や日、時間、方位にも割りあてられるようになり、正午・午前・午後といった言葉も生まれました。針が動く円盤型の時計の人気があるのも、時のめぐりがわかりやすいからかもしれません。

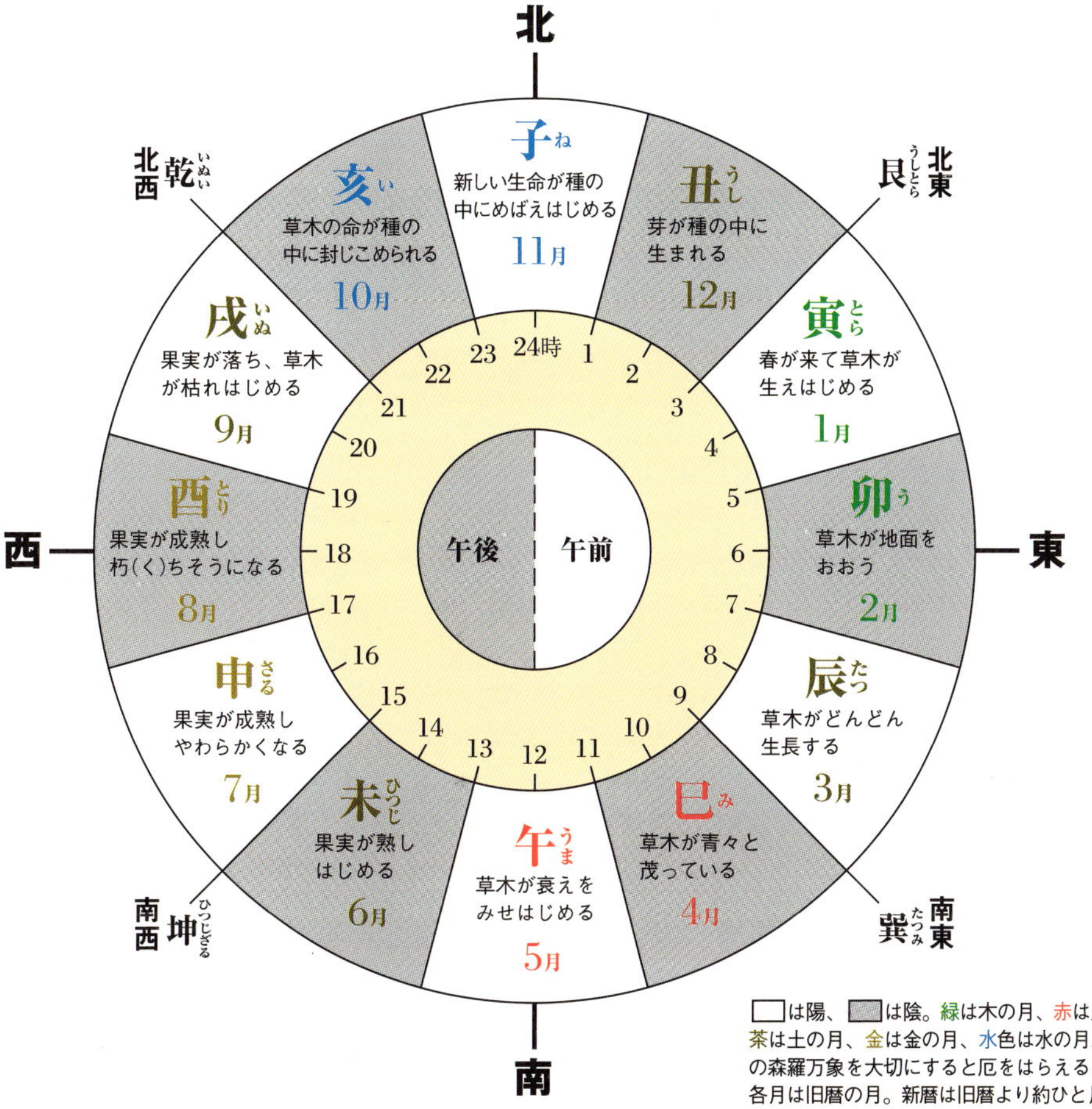

□は陽、■は陰。緑は木の月、赤は火の月、茶は土の月、金は金の月、水色は水の月。その月の森羅万象を大切にすると厄をはらえるとする。各月は旧暦の月。新暦は旧暦より約ひと月遅れる。

用語解説さくいん

赤字で示した見出しは、10～217ページ中で＊印の付いている用語です。

あ～お

【葵祭り】あおいまつり 86

【あずき】 25・55・159・203

【安息日】あんそくび 20

旧約聖書の「創世記《そうせいき》」によれば、神は1日目で昼と光を分け、2日目に天と水を分け、3日目に陸を創って草木を生やし、4日目に太陽と月と星を創った。5日目には水の生き物と鳥を創り、6日目に自分と似た形に人を創り、また獣を創って7日目に休んだ。休息日とはこの7日目のこと。宗教や宗派によって土曜または日曜。

【イースターエッグ】いーすたーえっぐ 57・59

【出雲国風土記】いずもこくふどき 164・165

奈良時代、政府の命によって全国60あまりの地方から提出された、その地方の伝承や由来を記録したもの。出雲《いずも》・常陸《ひたち》・播磨《はりま》・豊後《ぶんご》・肥前《ひぜん》の5地方の風土記の写本が現存し、出雲国風土記がもっとも損失が少ない。

【芋煮会】いもにかい 157

【いろはにほへと】 203

平安中期に47文字一音ずつを使って作られた手習い歌。和歌の韻を踏む。同じころに「あいうえお」の並びも作られ、その後の国語教育の基礎となった。

色は匂えど散りぬるを　いろはにほへとちりぬるを
我が世誰そ常ならむ　わかよたれそつねならむ
うゐの奥山今日越えて　うゐのおくやまけふこえて
浅き夢みし酔ひもせず(ん)　あさきゆめみしゑひもせす(ん)

【陰陽道】いんようどう 148

男と女、昼と夜、光と影というように、世のなかのあらゆるものは陰と陽という相反する要素で構成されているという、中国伝来の考え方。陰陽のバランスがととのって完全とする。「おんみょうどう」ともいう。

【氏神】うじがみ 190

古くは同じ氏の祖先の霊を「氏神《うじがみ》」といったが、今は地域の神社をいうことが多い。

【氏子】うじこ 140

氏神(神社)に守られている、地域の人々。神社の祭りでは、氏子の安泰を祈る。

【丑湯】うしゆ 129

【海蛇】うみへび 164

旧暦十月ごろ、稲佐《いなさ》の浜に、南方から流れてきたセグロウミヘビが漂着する。毒蛇だが、島根県出雲地方では常世《とこよ》の国から来るマレビト神として「龍蛇様《りゅうじゃ》」と呼び大切にした。南方への憧れが生んだ信仰とされる。

【梅】うめ 48・105

【恵方巻き】えほうまき 30

【縁起熊手】えんぎくまで 186・187

【縁起物】えんぎもの 17・26・33・187・208

【縁日】えんにち 122

神仏と縁がある日。この日に参拝すると特別のご加護があるとされ、参拝者を集める露店が神社仏閣の参道に並ぶ。毎月5日は水天宮《すいてんぐう》、8日は薬師《やくし》、25日は天満宮《てんまんぐう》の縁日。

【おくんち】 149・156

【お赤飯】おせきはん 159

【お墓参り】おはかまいり 53・136

【おはぎ】 52

か～こ

【鏡もち】かがみもち　15・22・23・209

【神楽】かぐら　156
神社や宮中などで、神をまつるときにささげる踊りと音楽。平安中期から宮中に伝わるものと、「里神楽」と呼ばれる民間の神楽がある。

【果実酒】かじつしゅ　99

【柏もち】かしわもち　83

【数え年】かぞえどし　68・69・191
生まれた年を一歳とし、正月ごとに一歳ずつ増やす年の数え方。

【歌舞伎】かぶき　182
４００年前に出雲の阿国《おくに》という女性が踊った阿国歌舞伎に発祥し、江戸時代に発展を遂げた日本独自の演劇。歌《うた》、舞《まい》、伎《わざ》が見どころ。

【カルタ】かるた　18
ポルトガル語で「カード」。16世紀末に日本に伝わり、それをもとに日本でもさまざまなカルタが作られた。上の句と下の句を合わせる百人一首《ひゃくにんいっしゅ》カルタは、正月の代表的な遊び。

【甘露】かんろ　148
古代インドの甘い飲み物で、不老長寿をさずける。また、上等な煎茶《せんちゃ》の味。

【吉凶】きっきょう　17・175
よいことと悪いこと。

【鬼門】きもん　132
邪悪な鬼が出入りするとして忌《い》みきらわれる方位。家相《かそう》では家の中心から見て北東。

【キリスト教圏】きりすときょうけん　20・56
イエス・キリストの教えを伝承している国々。アメリカ、ヨーロッパ、中東や東欧、ロシアの一部など。

【キリストの受難】きりすとのじゅなん　205
イエス・キリストが十字架に磔《はりつけ》になり、人々の身代わりとなって苦しみを受けたことをいう。

【国の天然記念物】くにのてんねんきねんぶつ　108
文化財保護法によって定められている、保護を必要とする動植物。

【グレゴリオ暦】ぐれごりおれき　8・62
１５８２年、ローマ教皇のグレゴリウス13世が定めた暦。現在の太陽暦のもとになった。

【結界】けっかい　138
霊力のおよぶ場所。その他の場所とは縄などで区切りを作って、厄《やく》や障害を追いはらう。

【遣唐使】けんとうし　40・119
６３０年から８９４年にかけて、大陸文化を取り入れるために中国へ送られた留学生。５００～６００人が2、3年がかりで往復した。中国の戦乱がひどくなったため菅原道《すがわらみち》真《ざね》の意見により中止。

【元服】げんぷく　24
男子が成人したことを示し、祝った儀式。11～17歳。現在は男女とも20歳を成人とし、成人式を行う。

【鯉のぼり】こいのぼり　80

【胡弓】こきゅう　156
アジア古来の弦楽器。弓で弾いてのびやかな高い音をかなでる。

【五行説】ごぎょうせつ　80・116・217
この世にあるものはすべて、木、火、土、金、水の5つの要素を根源とするという説。鯉のぼりの吹き流し、七夕の笹飾りでは、木＝青、火＝赤、黄＝土、白＝金、黒＝水の5色を使い、邪気をはらって霊力を宿らせる。ただし青が緑（かつて緑を青と呼んでいたため）、黒が紫（黒を染めるために紫の染料を用いたため）になることも多い。

【五穀】ごこく　33
人間の主食となる、5種の穀物。一般的に米、麦、あわ、豆と、きびまたはひえをいう。諸説がある。
【五節句】ごせっく　20・84・116・148
【古代中国】こだいちゅうごく　40・85・116・125・214
およそ1万年前に起こった、エジプト・インダス・チグリスユーフラテス・黄河《こうが》の古代文明のうち、黄河流域で起こった文明。稲作が始まり文字ができ、紀元前1500年くらいに王朝が完成された。
【米】こめ　86・146・193
【五目ちらしずし】ごもくちらしずし　46

さ～そ

【桜もち】さくらもち　67
【雑節】ざっせつ　216
【司祭】しさい　36
カトリック教会において、ミサなどの儀式をつかさどる聖職者。
【七福神】しちふくじん　175
【釈迦】しゃか　136・160
約2500年前に仏教を開祖。名をゴータマ・シッダールタという。釈迦とはその属する種族「釈迦族」の名。
【十二支】じゅうにし　26・217
【殉教】じゅんきょう　34
信仰する宗教のために自分の命を犠牲にすること。
【正倉院】しょうそういん　166
奈良県東大寺における、聖武《しょうむ》天皇（701～756）の身の回りの品々や経典、寺宝9000点を収蔵した倉庫。虫干しを兼ねて一部が毎年秋に公開される。
【菖蒲】しょうぶ　81・84・85
【暑気払い】しょきばらい　111
暑さを払いのけるための対処法のこと。
【暑中見舞い】しょちゅうみまい　124・130
【人日】じんじつ　20
人を占う日。中国では、元日から6日まで一日ごとに雛《ひな》、狗《いぬ》、羊、イノシシ、牛、馬の吉凶を日がわりで占い、それぞれの獣畜を大切に扱った。7日は人を占う日に当てた。
【新茶】しんちゃ　72
【スズムシ】スズムシ　161
【選択無形民俗文化財】せんたくむけいみんぞくぶんかざい　87
国が定めた、後世に残すべき文化財の形式。建造物や工芸品は「有形文化財」、演劇や音楽、工芸技術は「無形文化財」、衣服や家屋は「有形民俗文化財」、年中行事や民俗芸能は「無形民俗文化財」。さらに記録作成などの措置を講ずべき、典型的で重要な民俗芸能を「選択無形民俗文化財」とする。
【掃除術】そうじじゅつ　100・200・201
【そうめん】　116

た～と

【竹】たけ　119
【太宰府天満宮】だざいふてんまんぐう　48
901年、詩人で学者でもあった右大臣、菅原道真《すがわらみちざね》が九州の太宰府へ左遷《させん》された際、道真の死後、京都御所《きょうとごしょ》に雷が落ちるなど不吉なことが続いたため、道真の怨念をなだめるために建てられた神社。
【地球温暖化】ちきゅうおんだんか　135
産業が盛んになるにつれエネルギーの消費量が増し、二酸化炭素が増大。ガラスのように地球の表面を包んでしまう

ことで地球が温室のようになり、気温が上昇する現象。

【チョコレートケーキ】ちょこれーとけーき 36

【月の満ち欠け】つきのみちかけ 153

【手ぬぐい】てぬぐい 79

【てるてる坊主】てるてるぼうず 97

【田楽】でんがく 86
田植えのときに笛や太鼓を鳴らして歌い踊った芸能。平安時代に始まる。

【天帝】てんてい 117
天にいてすべてのものを支配し、宇宙をつかさどる神。

【湯治】とうじ 203
温泉や薬湯《くすりゆ》に入って病気を治すこと。

【唐土】とうど 21
昔、日本から中国を呼んだ名称。「もろこし」ともいう。

【東南】とうなん 17・217
朝に陽があたる方角であり、春風、樹木、家庭円満、商売などを象徴する、吉の方角。「東南に玄関があると家が栄える」などといわれるが、科学的根拠はない。

【年男、年女】としおとこ、としおんな 28
その歳の干支《えと》にあたる男女、または厄年の男女。武家では正月の飾りつけをし節分の豆打ちをつとめる男のこと。

【年神様】としがみさま 10・22・29・200・209・210
その年の福徳をつかさどる神。「歳徳神《としとくじん》」ともいう。この神が来る方角をその年の恵方《えほう》といい、万事に吉とする。

【飛梅伝説】とびうめでんせつ 48
菅原道真が太宰府へ赴くとき、道真のめでた梅木が九州にまで追いかけていき咲いたという伝説。

な～の

【七草粥】ななくさがゆ 20・21

【ナンバ】なんば 139
右手と右足、左手と左足を同時に出す、江戸時代ごろまでの日本人の歩き方。足場の悪いところで疲れない歩き方なので「難場」といったという説がある。

【新嘗祭】にいなめさい 192

【二十四節気】にじゅうしせっき 214・215

【脳のα波】のうのあるふぁは 74
リラックスしたり、感動したりしたときにみられる脳の波形。α波が強いときは非常に集中力が強まり、最大限に実力が発揮される。怒りやストレスを感じているときはβ《ベータ》波の波形。

は～ほ

【獏】ばく 15
想像上の動物。病気、災難、事故などの悪夢を食べて消してくれる。鼻は象に、脚はトラに、全身はクマに似ている。

【初がつお】はつがつお 92

【初詣】はつもうで 16・210

【ハッピーマンデー制度】はっぴーまんでーせいど 172
「成人の日」や「体育の日」など、祝日の一部を月曜日に移動させ、3連休にして余暇を過ごしてもらおうという趣旨の制度。2000年から導入。

【花火】はなび 141

【針供養】はりくよう 198

【半返し】はんがえし 49
贈られた金品の半額にあたる金品を返すこと。香典、結納、内祝いは半返しが一般的。

【彼岸】ひがん 52・160

【ひつまぶし】 128

【ひなあられ】 40・42

【氷室】ひむろ 110
山の穴蔵に作った、氷の貯蔵庫。電気のない時代、冬にできた氷を保存し、夏に馬で運んだ。そのまま食べたり、ものを冷やすのに使った。

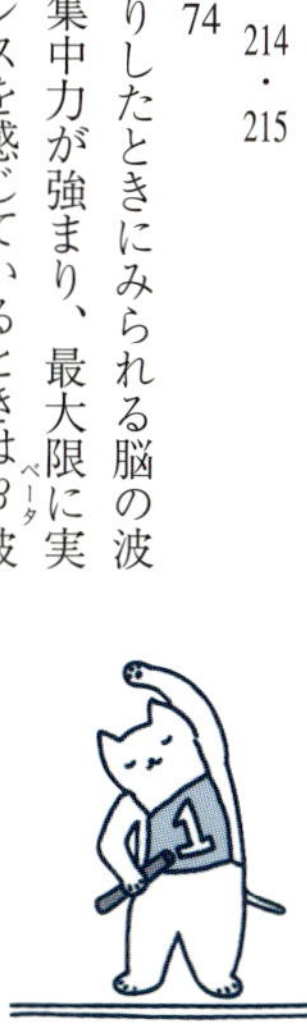

【福茶】ふくちゃ 10・31

【富国強兵策】ふこくきょうへいさく 68

産業を豊かにし軍備を増強すること。日本では幕末から明治時代にかけて推進され、軍隊の近代化が進んだ。

【フランシスコ・ザビエル】ふらんしすこ・ざびえる 204

1549年に鹿児島に上陸し、日本にキリスト教を伝えた宣教師。以降、多くの宣教師が日本を訪れ、教会を建てて布教につとめたが1587年、幕府の命により禁教となる。

【風呂敷】ふろしき 125・126

【星空観測】ほしぞらかんそく 121

【ぼたもち】ぼたもち 52・55

【盆踊り】ぼんおどり 139

【盆だな】ぼんだな 138

ま〜も

【満】まん 190

誕生日を迎えるごとに一歳を加える年齢の数え方。満3歳、などという。

【宮出し、宮入り】みやだし、みやいり 140

夏祭りの神輿《みこし》渡御《とぎょ》などで、神輿が宮司《ぐうじ》からの清めを受けたあと、本殿からかつぎ出されることを「宮出し」。「宮入り」は本殿に入ること。神輿渡御のクライマックス。

【武者人形】むしゃにんぎょう 81

【木火土金水】もっかどごんすい 80・127・185・217

万物を成り立たせる5つの要素

や〜よ

【八百万の神】やおよろずのかみ 174・212

【厄・厄払い】やく・やくばらい ほか 17・25・28・69・110・188・210

災いや不幸、病気などよくないこと。一生のうち、厄にあうおそれが多い年を「厄年」などと呼んで厄ばらいする。

厄年早見表

年齢は数え年。
地域によって違う場合もあります

男性

前厄	本厄	後厄
24歳	25歳	26歳
41歳	42歳	43歳
60歳	61歳	62歳

女性

前厄	本厄	後厄
12歳	13歳	14歳
18歳	19歳	20歳
32歳	33歳	34歳
36歳	37歳	38歳

【薬味】やくみ 131

【藪入り】やぶいり 137・170

正月やお盆に里帰りすること。また、その日。親を亡くして帰る家のない子は行き場がなく藪の中に隠れていたからという説、藪の深い故郷に帰るからという説がある。

【浴衣】ゆかた 142・143・167

ら〜ろ

【来世】らいせ 50

死後の世界。あるいは生まれ変わった次の世界。

【ラッピング】らっぴんぐ 35・107

【六曜】ろくよう 191

先勝《せんしょう》、友引《ともびき》、先負《せんぶ》、仏滅《ぶつめつ》、大安《たいあん》、赤口《しゃっこう》の6箇《こ》の星を六曜星と称し、旧暦の各日にあてはめたもの。六輝《ろっき》ともいう。

先勝	急用、公事などによい日。 午前が吉、午後は凶日。
友引	何ごとも引き分け、友を引くという意味。 朝晩は吉、正午は凶。
先負	急用、公事を避ける日。 先勝と逆で午前が凶、午後が吉。
仏滅	仏も滅亡するという意味。大凶。
大安	一日中、万事において吉。
赤口	朝夕は凶で正午が吉。

参考文献

「年中行事辞典」西角井正慶編（東京堂出版）
「雨のことば辞典」倉嶋厚監修（講談社）
「新日本大歳時記」
飯田 龍太、稲畑 汀子、金子 兜太、沢木 欣一監修（講談社）
「心をそだてる子ども歳時記12か月」橋本裕之監修（講談社）
「日本を楽しむ暮らしの歳時記」
季語・例句選／黒田杏子　季語解説／榎本好宏
写真／今森光彦（平凡社）
「日本人のしきたり」飯倉晴武（青春出版社）
「吉を招く『言い伝え』」岩井宏實（青春出版社）
「十二支伝説」林義勝（ＰＨＰ）
「四季の行事のおもてなし」山本三千子（ＰＨＰ）
「図説　日本の妖怪」
岩井宏實監修　近藤雅樹編（河出書房新社）
「服地がわかる事典」野末和志（日本実業出版社）
「空の名前」高橋健司（角川書店）
「和ときもののマナー」田中峰子監修（大泉書店）
「冠婚葬祭　暮らしの便利事典」（小学館）
「歳時記語源辞典」橋本文三郎（文芸社）
「日本を楽しむ年中行事」三越（かんき出版）
「歳時記の真実」石寒太（文藝春秋）

監修●三浦康子 みうら やすこ

カラー＆ライフコーディネーター。
季節感あふれるライフアップ情報を
各メディアにて、2000回以上発信。
その道のプロによる生活総合情報サイト、
All About「暮らしの歳時記」ガイド。
http://allabout.co.jp/family/seasonalevent/

本文デザイン――――矢野徳子＋中山成子＋島津デザイン事務所
本文イラスト――――石川ともこ（下記のページ以外すべて）
山元かえ
（26,38,60,70,92,112,132,144,162,180,194,212〜213ページ）
構成・文――――――柴崎あづさ
編集担当――――――塚原昌子（永岡書店編集部）

もっと！暮らしたのしむ
なごみ歳時記

監修者――――――――三浦康子
発行者――――――――永岡修一
発行所――――――――株式会社永岡書店
〒176-8518 東京都練馬区豊玉上1-7-14
TEL 03-3992-5155（代表） 03-3992-7191（編集）
印刷―――――――――横山印刷
製本―――――――――ヤマナカ製本

ISBN4-522-42421-3 C2077①